中华才艺系列

龙舟

DRAGON BOAT

林友标　章舜娇　编著

暨南大学出版社
JINAN UNIVERSITY PRESS

中国·广州

图书在版编目（CIP）数据

龙舟/林友标，章舜娇编著．—广州：暨南大学出版社，2018.6
（中华才艺系列）
ISBN 978 - 7 - 5668 - 2283 - 3

Ⅰ.①龙…　Ⅱ.①林…②章…　Ⅲ.①龙舟竞赛—中国—青少年读物
Ⅳ.①G852.9 - 49

中国版本图书馆 CIP 数据核字（2017）第 308372 号

图片摄影：
黎念忠　郑国茂　黄　警　程国涛　谢宗荣　李　能　龚　威　王俊伟　彭　年
周长迪　沈志成　谢伟洪　戴小丽　邱炜民　王　强　叶嘉铭　欧洪艳　林耀辉
黄松柏　李　锋　杨仁海　温　星　赵　丽　何旭伦　彭应梅
（如个别图片摄影者未能具名，请与作者联系）

龙　舟
LONGZHOU
编著者：林友标　章舜娇

出 版 人：徐义雄
策划编辑：黄圣英
责任编辑：黄　球　　王莎莎
责任校对：高　婷
责任印制：汤慧君　　周一丹

出版发行：暨南大学出版社（510630）
电　　话：总编室（8620）85221601
　　　　　营销部（8620）85225284　85228291　85228292（邮购）
传　　真：（8620）85221583（办公室）　　85223774（营销部）
网　　址：http：//www.jnupress.com
排　　版：广州市天河星辰文化发展部照排中心
印　　刷：深圳市新联美术印刷有限公司
开　　本：787mm×960mm　1/16
印　　张：15
字　　数：260 千
版　　次：2018 年 6 月第 1 版
印　　次：2018 年 6 月第 1 次
定　　价：78.00 元

（暨大版图书如有印装质量问题，请与出版社总编室联系调换）

前　言

　　文化是民族的血脉，是人民的精神家园。文化自信是更基本、更深层、更持久的力量。中华文化独一无二的理念、智慧、气度、神韵，增添了中国人民和中华民族内心深处的自信和自豪。2017 年初，中共中央、国务院印发了《关于实施中华优秀传统文化传承发展工程的意见》（以下简称《意见》），文中指出，中华优秀传统文化积淀着中华民族最深沉的精神追求，代表着中华民族独特的精神标识，是中华民族生生不息、发展壮大的丰厚滋养，是中国特色社会主义植根的文化沃土，是当代中国发展的突出优势。大力加强对中华优秀传统体育文化的挖掘、保护和阐发，大力加强民族体育、民间体育、民俗体育的推广，积极推动体育非物质文化遗产申报工作。重视并切实开展体育文物、体育档案、体育文献等普查、收集、整理、保存和研究利用工作，建立相应的信息库。要根据本地区、本民族的节令活动与传统庆典活动，大力发展具有民族特色与本地特色的体育。这份《意见》的发布，极大地激发了广大文化工作者的创作热情。

　　龙是中华民族的图腾，中国人被称为"龙的传人"。龙舟、舞龙，都是中国的传统文化、传统体育项目，在国际上很有影响。水里划龙舟，陆地舞龙狮，天上放龙筝，那就是龙运动、龙体育。龙舟运动，在这个"龙体育"的概念中，无疑有着举足轻重的位置。中国的体育飞速发展也像条龙，从龙舟开始，一直延伸到民族民间体育、竞技体育。作为一项运动，龙舟有着其他项目无法比拟的内涵。它历史久远，流传广泛，保持着浓厚的民族特点和风格，体现了"龙的传人"同舟共济、奋力拼搏、勇往直前的气概，这也就是"龙舟精神"。《龙舟》一书的出版，正是朝着挖掘中华优秀传统体育文化、宣传龙舟运动、弘扬龙舟精神的方向迈进。

本书是在大量阅读同类书刊、广泛收集各方面的文史资料和实地考察的基础上撰写而成的。利用大量难以复得的艺术作品来展现龙舟历史，是本书的独特之处。主要内容分为八章：第一章"龙舟竞渡文化概说"，阐述龙舟竞渡的起源、目的和意义；第二章"龙舟竞渡的演变"，借助历代遗存下来的艺术作品，呈现及分析不同时期龙舟的风采；第三章"龙舟的文化艺术"，介绍由龙舟竞渡所衍生的不同艺术形式，诸如戏曲、歌舞、文学等，一些重要的作品，都是值得重新抒写并予以保留的内容；第四章"龙舟文化的保护"，收集了与龙舟、端午节等有关的国家非物质文化遗产名录，介绍各地区相关文化的特色；第五章"龙舟运动概况"，从民俗文化到体育项目，有区别也有联系，介绍龙舟运动如何从国内走向国际，成为国际上的热门赛事；第六章"龙舟的造型"，介绍传统龙舟、业余龙舟和标准龙舟的外形、结构和组成；第七章"龙舟的制作"，撷取较有地方特色造型的龙舟制作工艺和仪式进行描述，反映民俗风貌；第八章"龙舟的竞渡"，包含古今龙舟竞渡的内容和方法，并介绍龙舟运动技术。

本书作为中华才艺系列读物之一，以传播龙舟文化为己任。民族的也是世界的，具有中国民俗特征的龙舟运动，定能发挥其精神纽带作用，在凝聚海内外华侨华人的征途上，做出独特的贡献。

受知识水平的限制，书中难免会出现不少问题，部分图片、文献资料的来源引用可能也有纰漏，敬请读者及相关作者谅解并批评指正！

林友标　章舜娇

2017 年 11 月

目　录

龙舟

DRAGON BOAT

中华才艺系列

第一章　龙舟竞渡文化概说

　　龙是中华民族的图腾，海内外的中华儿女都会自豪地称自己是龙的传人。龙是"青龙、白虎、朱雀、玄武"四灵之首，同时也被视为水神、雨神，能呼风唤雨，由此成了人们崇拜的对象、吉祥的象征，龙神信仰应运而生。神话传说中，龙具有娴熟的升天入地的本领，且可以沟通"三界"，即"天""地""人"，天赋异禀的人可以乘龙来往于天地间。与之相适应的龙舟，逐渐演化成为龙的化身，在祭祀中充当龙的角色。

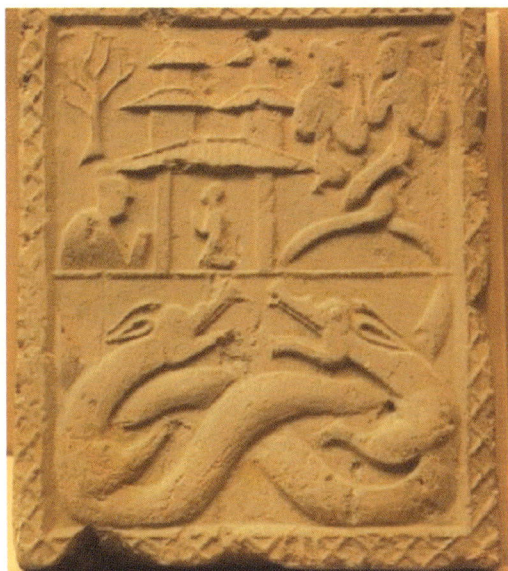

东汉画像砖《伏羲与女娲》

龙舟
DRAGON BOAT

中华才艺系列

第一节 龙舟竞渡的渊源

一、龙与龙舟

战国后期随着升仙思想的出现和盛行,龙成为人们沟通天地的必然凭借,乘云驾龙是登天成仙或魂归故里的理想途径。

古代传说中的神山多在海中,求仙登天必须经过沧海。何以为渡?一般的船不能胜任,只得以龙为舟。龙舟即像龙之舟,亦即具有龙形之舟。龙和舟有共同之处,即都与水有关。前者是作为水神而存在,水神有喜怒哀乐,有七情六欲,也有善恶之分,它司人世间雨水旱涝,是水物之长,人们须对其百依百顺;后者则是敬孝水神或与水神做斗争的一种工具,然而仅仅作为一种工具存在则显得单薄无力,难于实现敬孝水神的目的。使舟具有龙性,则不仅可以避龙所害,而且可以神力无边,这是先民的一种祈求。制造出一种既具龙神之态,又具龙神之实的水上交

战国楚墓帛画《人物御龙图》

通工具，以震慑诸神、求得平安，则非龙舟莫属了。因此，先民认为，将水神请上龙舟，或干脆把舟船扮成龙或视为龙，则舟船定能风平浪静、一帆风顺，既可满足现实中行船的需要，又可满足龙崇拜的精神信仰。合二为一的龙舟就这样出现了。

龙舟也是宫廷文化的产物。早在西周时代，结合龙神崇拜，龙舟已成为天子御用游兴的水上交通工具。对"龙舟"的描述最早见于周穆王时代所撰最初的历史书《穆天子传》。晋太康二年（281）从魏襄王古墓中所发现的《穆天子传》，内容记载有"天子乘鸟舟龙卒浮于大沼"，意思是指周穆王乘天子用的豪华龙舟向世间展示天子的威严和政权的力量。从文字上不难理解，当时的龙舟造型，船头用龙头装饰，船尾似凤凰的彩尾。龙凤正好象征皇室中人神般的神秘和富贵。西汉时代又出现了龙舟竞娱的活动。从汉代开始，龙成为天子的代称，即"真龙天子"，无论船的形状如何，天子乘用的船，泛称为"龙舟"。班固《西都赋》说道"后宫乘辇辂，登龙舟"，这种龙舟虽然不知道它的形制怎么样，但是它是天子所乘的船，天子自认为是"龙种"，船上定会刻画一些龙蛇之类的动物。龙附体于龙船成为真龙的传说，在端午节的龙舟竞渡中最有名。

战国楚墓帛画《人物龙凤图》

龙舟
DRAGON BOAT

中华才艺系列

帛画《升天图》

东汉画像砖《穆天子拜见西王母》

新莽至东汉《西王母宴乐图》

二、龙舟竞渡

龙舟竞渡实际从什么时候开始，几乎无从考究。龙舟竞渡是中国民俗节庆活动中最具全民性和狂欢性的一项，在战国甚至更早的时期，龙舟竞渡活动便已在南方的吴越、荆楚、四川等地区流行了。关于它的起源，学术界众说纷纭，有源于越王勾践训练水师；有纪念伍子胥；有纪念杀蟒英雄段赤城；有纪念楚国爱国诗人屈原；有源于古代越族原始的龙图腾崇拜，是祭祀龙神的一种习俗，等等。可以说，龙舟竞渡滥觞于吴越、荆楚一带崇拜龙、祭祀龙、模仿龙的巫术仪式，这种多元复合的巫术仪式，以龙图腾崇拜为原始精神依托和内在文化支撑，具有特定的巫术功能。

关于竞渡之源起，《荆楚岁时记》说："五月五日竞渡，俗为屈原投汨罗日，人伤其死，故并命舟楫以拯之。"但是该书上又说："邯郸淳曹娥碑云，五月五日时，迎伍君逆涛而上，为水所淹；斯又东吴之俗，事在子胥，不关屈平也。"《越地传》说："竞渡之事起于越王勾践，不可详矣。"这说明，龙舟竞渡，东吴认为与伍子胥有关，越以为起于勾践，而楚则言是为纪念屈原，大有与吴、越竞争的意思。《荆楚岁时记》虽然说竞渡起于纪念屈原，但另举出吴越两地相异的传说，也就表明结论不是唯一的。不难猜想，竞渡的习俗其实比屈原、伍子胥、勾践三个人都早，但是后来吴、越、楚的人都想把这个风俗归到本国的某一位大人物身上去，祭吊屈原只是时间上的偶合附会。

龙舟竞渡的前身是为了"送标"，明杨嗣昌《武陵竞渡略》："竞渡事本招屈，实始沅湘之间。今洞庭以北，武陵为沅，以南长沙为湘也。故划船之盛甲海内，盖犹

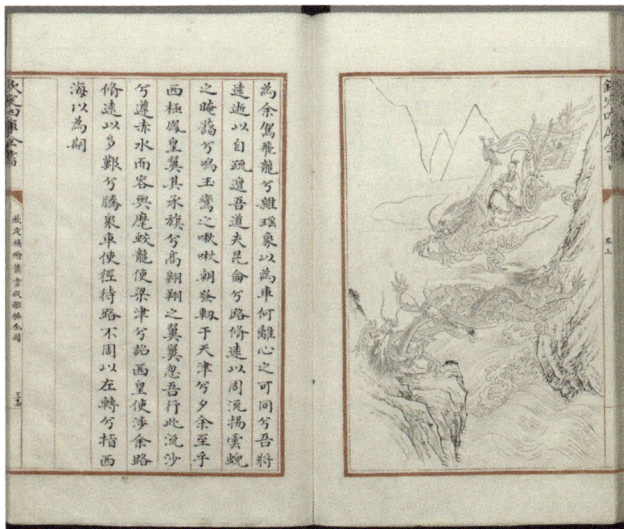

屈原《离骚》驾飞龙

有周楚之遗焉。宜诸略仿效之者之不能及也。旧制四月八日揭篷打船，五月一日新船下水，五月十日、十五日划船赌赛，十八日送标讫，便拖船上岸。今则兴废早晚，不可一律，有五月十七八打船，二十七八送标者。"那时原有五月（但不是五日）划船之俗，竞渡只是其中的一个节目，而"送标"是其归结点。在此风俗中，"送标"是原来的部分，而竞渡是后加的——说不定还是由"送标"直接变出的。那么"送标"究竟是怎么一回事？《武陵竞渡略》说："今俗说禳灾，于划船将毕，具牲酒、黄纸钱，直趋下流焚酹，诅咒疵疠夭札，尽随流去，谓之'送标'；然后不旗不鼓，密划船归，拖置高岸搢阁，苫盖以待明年，即今年事讫矣。尔时民间设醮，预压火灾，或有疾患，皆为纸船，如其所属龙船之色，于水次烧之；此本韩愈送穷具车与船之意，亦非苟作。"这足以说明，竞渡的前身，既不是一种娱乐，也不是对于什么人的纪念，而是一种"禳灾"的仪式。

因屈原系于五月五日投汨罗江而死，竞渡或类似竞渡的活动确实又都是于此日举行，故人多以为竞渡起于招屈。但是竞渡一系的风俗又不限于五月的重五日。我国各省在五月都有划船送灾，或者大概意思相同而表现形式不同的风俗，举行的日期不一定是初五。其时有种种禳灾的举动，竞渡就是公众禳灾仪式中最普遍的一种，或者用茅竹、纸等物做成一只船，船上放种种人物或瘟神的像，导以旗帜乐队，遍游全地收灾，然后把船或

版画《集福禳灾》

者烧掉，或者泛于水中。其他形式比如打醮或大傩，目的自然也在驱逐不祥。所谓祭吊屈原等传说，在流传上有地域性的限制，也并未获得民间的普遍关注。端午日的竞渡，事

湖天竞渡石刻

实上不过是一种社会的娱乐制度，只是时间上恰好跟纪念屈原的活动重叠在一起。民间往往采用竞渡的方式来祛疾避疫，信仰与娱乐在节庆中有机地整合在了一起。

"端午""龙舟"与"竞渡"三者的关联，其实并非完全地叠合，而有各种因时因地制宜的可能交集：端午不必竞渡，竞渡不必端午；龙舟不必竞渡，竞渡不必龙舟。龙舟的造型尽可因时制宜或就地取材，竞渡的形式更是多样而多元。

第二节　龙舟竞渡的目的

为什么要举行龙舟竞渡？何根海在《端午龙舟竞渡的新解读》的研究文章中就对龙舟竞渡的目的做了高度的概括，认为龙舟竞渡原初并非单纯的水上游戏，与后世的体育竞技也不尽相同，它与先民特定的生产、生活、信仰、习俗等神秘而自发地结合在一起。

一、崇龙祭龙

龙舟竞渡是古代一种崇龙、祭龙的祭祀仪式。中华上古人文祖神伏羲和女娲形象的"蛇身"、上古部落首领炎帝形象的"牛首"，是龙的原始形象。龙拥有超凡的能力："仰则观象于天，俯则观法于地，旁观鸟兽之文，与地之宜。近取诸身，远取诸物。始画八卦，以通神明之德，以类万物之情。"龙就这样被华夏先民当作祖神敬拜。龙起源于氏族社会的图腾崇拜，是人的艺术幻想和神化想象的结合物，它集合了许多动物的特点：鹿角、

牛头、蟒身、鱼鳞、鹰爪，口角有须，颌下有珠等，是众多动物图腾的综合体。而古越族以及南部中国水居民族多以龙蛇为图腾，他们把龙作为自己的祖先及保护神来加以祭祀，龙舟竞渡便是崇拜龙图腾的一种祭祀仪式。人们把船建造成龙形，画上龙纹，然后放在江河中竞游，表示龙行于水，试图通过龙舟竞渡的方式来表达对龙的尊敬和崇拜。在竞渡之前，各民族均要举行隆重的祭龙仪式。举行这种图腾祭仪，一则是为了表明自己的"龙子"身份，强化自己与图腾的联系，同时将各种食物献给图腾神，以求得到图腾神的保护。闻一多《神话与诗》说："古代吴越民族是以龙为图腾的，为表示他们'龙子'的身份，借以巩固本身的被保护权，所以有那断发文身的风俗。一年一度，就在今天（端午），他们要举行一次盛大的图腾祭，将各种食物，装在竹筒，或裹在树叶里，一面往水里扔，献给图腾神吃，一面也自己吃。完了，还在急鼓声中（那时许没有锣），划着那刻画成龙形的独木舟，在水上做竞渡的游戏，给图腾神，也给自己取乐。"二则是为了报图腾神庇佑之恩，表达对图腾神的感激之情，如嘉庆《宁波府志》载："八月各乡祠庙为会祀神，以龙舟竞渡，谓之报赛。"此处"祀神"即是祀龙神。

由此可知，龙舟实际上是人们在崇龙祭龙活动中对龙图腾的符号化、经验化的具象物，是龙图腾世俗化、实物化的一种存在。龙舟与龙图腾之间的关系是一种模拟巫术关系，竞渡活动的核心是模拟龙图腾"龙舟"，通过祭祀控制龙舟来表达他们与龙舟类实物的相互感应、相互作用的巫术观念。可见人们对龙图腾的崇拜之情是借由龙舟这一物态载体而交互发生的。因而，龙舟竞渡最原始的寓意应是先民一种崇拜祭祀龙图腾的祭祀仪式，具有降神、祭神、娱神的巫术功能。

二、祈晴求雨

以农业生产作为生存方式最大的忌讳，便是没有雨水而天下大旱，或雨水过多而江河泛滥、天下大涝。水是生命之源，也是农作物的命脉，没有水，地球将是一个死寂异常的荒漠；没有水，人类必将无立足之地。水对生命的重要性、对人类的重要性，居于一切需要之首。然而，在古人的心目中，天地间必有一位司理雨水的万能之神，在漫长的演绎、推理过程中，人们将这一天地间司理雨水的万能之神定格为水神，名之曰"龙"。龙主求雨，因而图腾龙又逐渐衍生出雨水之神的神格属性，龙舟竞渡也是先民企图实现驱旱求雨或止雨祈晴的祭祀仪式。无论人们观念中的龙如何发展，其性质发生了怎样的变化，龙为水物、主生水、与雨水相关的这一基本性质始终没有改变。先民以为龙是掌握雨水的神祇，它既可播雨致洪水泛滥，亦可不降雨而致干旱，同时也可致风调雨顺、丰谷宁家。一旦发生旱涝灾害，人们便自觉或不自觉地采取一些巫术手段来祈求神龙。用竞渡龙舟这一形式，被认为是取悦水神最直接的途径，划龙舟之前要迎接水神，结束之后当然就要送水神，这样便有一个好的年头。从这个角度来看，先民的龙舟竞渡活动具有双重的巫术意图，干旱时祈求龙神致雨，洪涝时又祈求龙神止雨。这是先民试图操纵和控制超自然力量的巫术观念的一种表现。

从驱旱祈雨的角度来看，龙舟竞渡的主要目的是求雨，其原生文化内涵是降水抗旱，祈求风调雨顺。龙舟竞渡活动驱旱祈雨的巫术功能，主要是先民通过将龙与雨水之神同构互渗来实现的，是先民试图通过龙舟竞渡这种祭祀仪式，来表达对雨水的神秘期盼与内在渴求。清水江苗族《龙舟飞歌》中有"你们拿酒敬龙，龙给大家求雨"；在施秉县平寨、六合一带的龙舟竞渡传说中，有"要想风调雨顺，就划起树子去喊龙"的记载，龙王回来后，"起云了，下雨了。山青了，水绿了，雀叫了，大人娃娃笑了"。宋刘攽撰《彭城集》卷七《赤甲竞渡》："古潭苍苍照毛发，龙藏水心波色活。风雷如在石壁下，有时云雨何仓卒。今年天旱百昌死，神物亦恐俱埋没。南人厌龙抱珠睡，骈舟伐鼓探龙窟。皆言龙惊当上天，九河翻雨石涌泉。君不见，朝来积水上，鱼鳖死尽龙安眠。""骈舟伐鼓探龙窟"，划龙舟就是要把龙找出来，让九河翻雨，让石泉水涌。可见划龙舟原初是一种祭祀求雨的巫术实践活动，它是先民与干旱做斗争的原始手段，也是先民试图控制自然、利用自然的一种尝试。

海龙王像

张大千《九歌屈原》

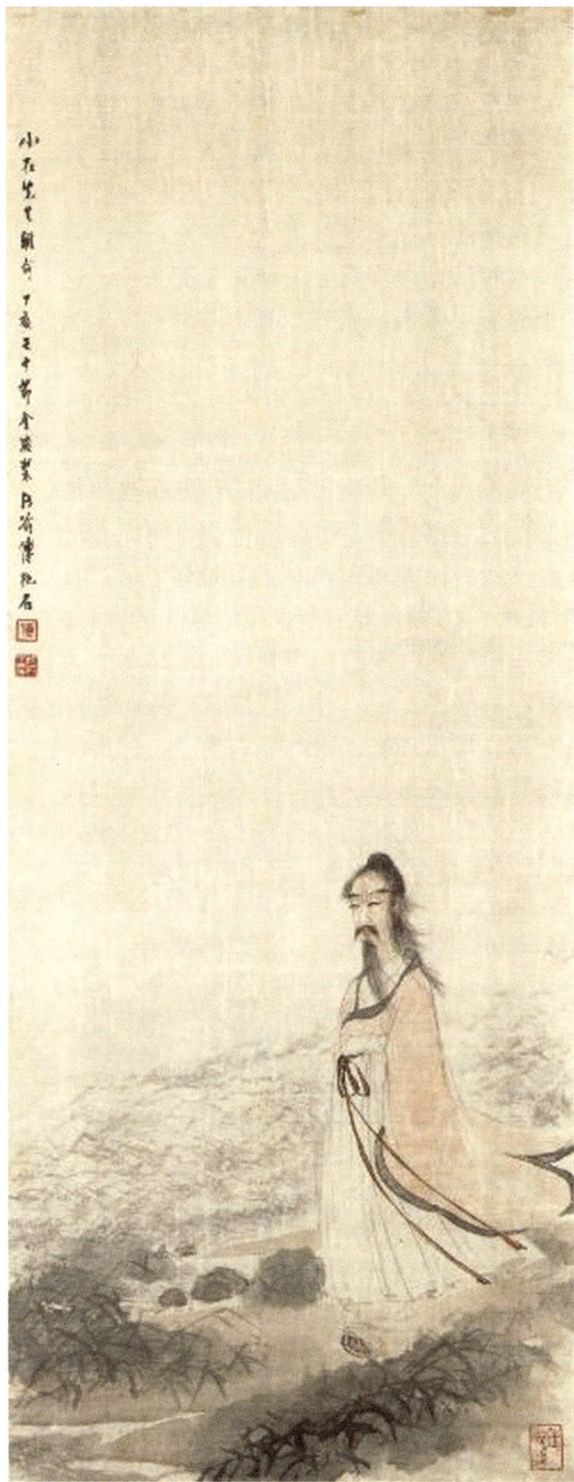

傅抱石《屈原》

从止雨祈晴的角度看，龙舟竞渡活动以两湖地区最为盛行，其次为四川、江浙，再次为闽、粤等地。这些地区雨水较多，受洪涝的危害也颇深，龙舟竞渡活动多在农历四、五、六、七月的雨季开展，有些地区龙舟竞渡的时间长达一个月，甚至两三个月。这是因为农历四、五、六、七月份正是珠江流域、长江流域、淮河流域多雨的季节，往往造成洪水泛滥，肆虐成灾，因而人们试图通过祭祀龙神的方式来消解洪水，止雨祈晴，让洪水循道、水归其流。苗族在龙舟竞渡活动中穿蓑衣、戴斗笠等雨具，这些雨具不仅是人们躲避雨水或洪水的历史表现，还充当了防避洪水、压制水患的巫术灵物性法具。

三、祈求丰收

先民的一切活动可以说都是围绕着"食"这个主题而进行的，食物是先民与大自然的根本联系，他们把食物看得与生命本体一样重要而加以崇拜。因此，用各种原始的宗教性的仪式去促成和影响农作物向有利于丰收增产的方式发展。农业文明时期最根本的条件是风调雨顺，只有风调雨顺，百姓才能安居乐业、幸福美满。而风调雨顺的理想气候非水神莫能为之，故必须发动所有部族成员虔诚对其祭祀，使水神心情愉悦，从而造福民间。由于龙的主要神职是兴云布雨、司水理水，因此以农为主、视水雨为命的各民族对龙进行崇拜也是极其自然之事。这种崇拜心理最好的表现形式便是祭祀，即用人间美味让神灵享受，使其回心转意，再者便是想方设法举行一系列让神灵高兴的活动。龙舟竞渡则是一种兼而有之的好办

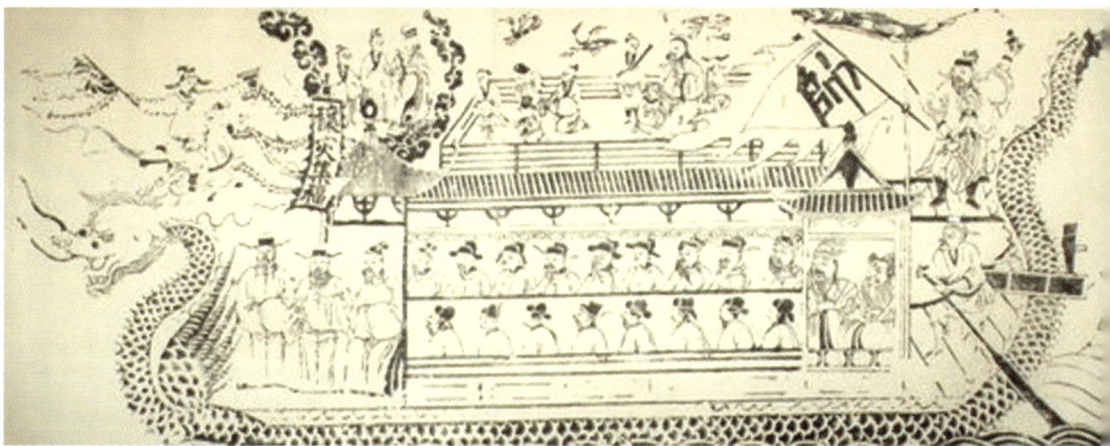

驱瘟·逐疫·烧王船

法，既让龙视龙舟为同类，也可以让龙物质上、精神上得到极好的享受，由是而言，龙又何乐而不为呢？祈雨或止雨巫术的目的是实现风调雨顺、五谷丰登，所以龙舟竞渡又是先民祈求丰收的一种表现。龙舟竞渡蕴含着祈求丰收的巫术动机，人们试图通过操纵龙神（龙舟），或与龙神（龙舟）对话这种赛力竞游的方式，实现农作物丰收的农耕祈愿和生产欲望，这种巫术仪式曲折地透射出龙可以致风调雨顺、丰收增产的原始文化信息。

龙舟竞渡歌鼓喧天保岁丰，万方无事乐丰年。宋朱翌《潜山集》卷一《竞渡示周宰》："节物亦撩人，风俗自随时。往来两舴艋，规模具体微。邑人乐丰年，聚观眼不移。捐金赏先至，顿足助绝驰。在昔攻战具，今但娱群儿。因而语兵法，可以威四夷。八宝水中央，大海压左圻。其中椎剽奸，连舰扬鼓旗。先事能预防，在易则见几。作诗示周郎，赤壁有成师。"《陪董令升西湖阅竞渡》："驰波斗舰疾轻鸿，歌鼓喧天保岁丰。直面北风吹雨过，卷帘斜日照楼红。吴儿戏水用长技，太守行春如醉翁。社稷中兴岂无日，群鱼跃水正飞空。"明杨荣《文敏集》卷一《西江月》："处处龙舟竞渡，家家箫鼓喧阗。万方无事乐丰年，仰荷圣明恩眷。"《广东新语》："顺德龙江，岁五六月斗龙船。……凡出龙船之所曰埠，斗得全胜还埠，则广召亲朋燕饮，其埠必年丰人乐，贸易以饶云。"这些均表达了人们通过划龙舟来祈求五谷丰稔的仪式，反映了先民将划龙舟看作影响农作物收增产之终极因素的神秘认识。龙舟竞渡这一祭祀农业神龙和娱乐农业神龙的最原始、最深层的动因也被不少龙文化专家所认同，如庞焜先生认为："祭祀和娱乐神龙的活动是遍布全国各地的。娱乐的主要方式是歌舞和竞技。人们通过歌唱，召唤龙的神灵；通过舞蹈，模仿龙的神态；通过竞技，显示龙的神力。于是，便有了龙舟竞渡。人们相信，通过声势浩大的龙舟竞渡，能使天上水中的神龙心神感应而大娱大悦，从而使神灵活现，焕发神性，克尽神职，保佑一方水土风调雨顺，稼渔丰成。"

四、辟邪消灾

龙舟竞渡也是一种辟邪消灾的祭祀仪式。在中国上古有五月为恶月、不祥之月的说法，五月是恶月、死月、毒月，端午那天充满了恶气恶疫，因而龙舟竞渡也不只是一种简单的节日体育游戏，而是有着神秘的实用目的，那就是驱邪逐疫、祛病消灾。从史籍记载来看，先秦以来多视五月五日为不吉之日。端午插菖蒲、艾叶，熏苍术、白芷，以及饮雄黄酒等传统，可能源自古代恶日驱鬼避疫的习俗。龙舟竞渡也是一种禳避方法，通

龙 舟

中华才艺系列

DRAGON BOAT

过迎神、祭祀等仪式，借助神灵、巫师和灵物的力量，达到辟邪消灾的目的。端午这天，有的地方赛龙舟前人们要肩扛龙舟沿街游行，此时，沿街店铺鸣放鞭炮，烧香礼拜，然后举行拜龙舟仪式。其意图一是迎龙神；二是祭龙神；三是以龙舟作为辟邪灵物。人们肩扛龙舟沿街游行，将龙舟作为攻击邪祟的一种武器和手段，具有制胜的意义，人们使用辟邪灵物意在通过镇压邪恶来保护自己。游行之后，可保一方平安。鼓噪竞渡，争夺锦标，就能驱逐瘟疫。龙舟竞渡活动中的驱邪逐疫仪式，实际上是先民试图以自己的行为方式去影响自然以达至让异己力量神秘消解的一种实践。尽管这些仪式是神秘的、荒诞的，但在先民的心理活动中却是实用的、功利性的。

在江西鄱阳，竞渡就是为屈原禳灾，宋李昉等撰《太平御览》卷六十六引《鄱阳记》曰："怀蛟水，一名孝经潭，在县南二百步，江中流石际有潭，往往有蛟浮出，时伤人焉。每至五月五日，乡人于此江水以船竞渡，俗云为屈原攘（通禳）灾。"在湖南，竞渡是为祛除"瘟病"，明李东阳撰《怀麓堂集》卷九十一《竞渡谣》："湖南人家重端午，大船小船竞官渡。彩旗花鼓坐两头，齐唱船歌过江去。丛牙乱桨疾若飞，跳波溅浪湿人衣。须臾欢声动地起，人人争道得标归。年年得标好门户，舟人相惊复相妒。两舟睥睨疾若仇，戕肌碎首不自谋。严呵力禁不得定，不然相传得瘟病。家家买得巫在船，船船斗捷巫得钱。屈原死后成遗事，千古传讹

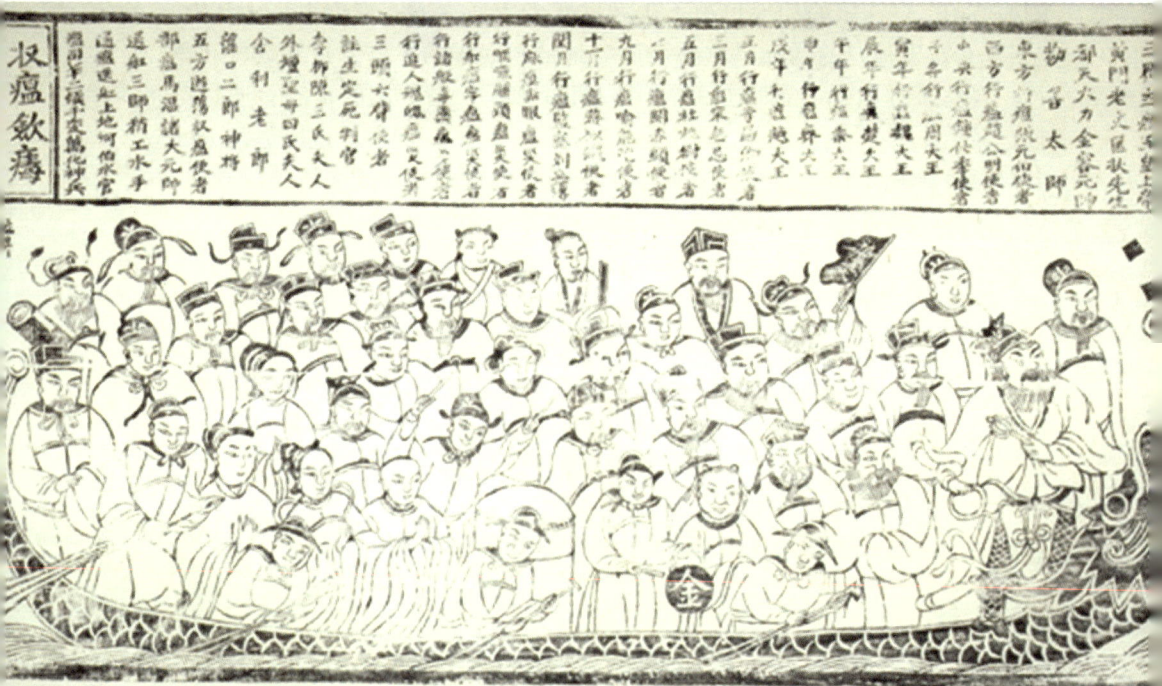

送瘟船

等儿戏。众人皆乐我独悲，莫遣地下彭咸知。"在广东有些地方还有供奉"五彩龙头"祈求消除灾难的风俗，《广东省志·风俗志》："有的地方在韩江边供起五彩龙头，祈求消灾消难，待全乡祭祀完毕，就把龙头抬进一只小舟，敲锣打鼓划出乡界，并把纸钱抛进江里，驱除晦气，谓之'送纸'。而粤东客家山区居民，只能在湍急的溪流上因地制宜放一种小型龙舟，或者在村寨间用一人抬的竹扎纸糊龙船代替木制龙船，穿村走巷给群众送福呈祥。"以龙舟竞渡的形式禳灾避瘟，表现了人们对生活的热爱，特别是其形式并非单纯的躲避，而是奋勇向前的竞争，体现了我们民族面对灾祸积极向上的精神，这正是我们这个千年古国不断焕发生机的可贵精神的自然流露。

五、祈求多子

龙是多子的象征。明杨慎撰《升庵集》卷八十一载："俗传龙生九子，不成龙，各有所好：一曰赑屃，形似龟，好负重，今石碑下龟跌是也；二曰螭吻，形似兽，性好望，今屋上兽头是也；三曰蒲牢，形似龙而小，性好叫吼，今钟上纽是也；四曰狴犴，形似虎，有威力，故立于狱门；五曰饕餮，好饮食，故立于鼎盖；六曰蚣蝮，性好水，故立于桥柱；七曰睚眦，性好杀，故立于刀环；八曰金猊，形似狮，性好烟，故立于香炉；九

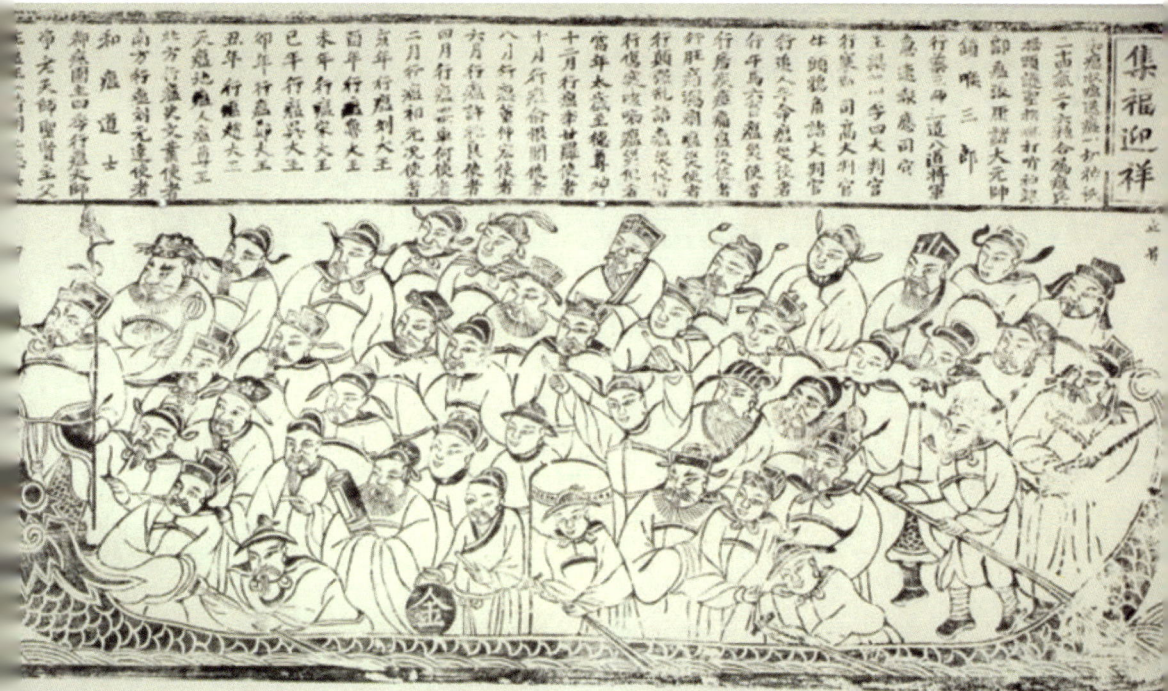

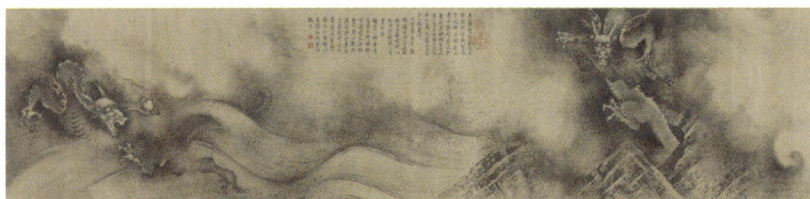

宋陈容《九龙图》

曰椒图，形似螺蚌，性好斗，故立于门铺首。又有金吾，形似美人。首尾似鱼，有两翼，其性通灵，不寐，故用警巡。"故龙舟竞渡亦是一种祈子祭祀仪式。在先民看来，生产和生殖是互渗混通的，二者是一回事，龙既能掌雨水，使庄稼丰稔，那么也有促进生育的本领。在龙舟竞渡中，有相当一部分是与生息有关的仪式和内容，一些地方的龙舟上有鸟形和鱼形饰物。鸟和鱼都是生殖崇拜的象征物，鸟与卵具有同义性，代表祈求多子的生殖繁衍的意图，鱼也是一种多子多福的象征。这种阐释有一定启发性，龙舟上的鸟，其生殖意象实际上是代表男根，是祈子重男的象征，鱼可能也表示实现祈子求嗣的鱼水之欢。关于男女在观赏龙舟竞渡活动时交游择偶、谈情说爱的记载更是举不胜举，它们均是龙舟竞渡活动的一种文化残余和历史流变，与古老的祭祀活动保持着一种曲折隐微的原初联系，体现了民众对龙神的多种世俗解读和生殖祈求。

龙舟竞渡活动隐含的这五种祭祀仪式并不是孤立存在的，它们既有发生时间上的先后之别，也可以说早期的龙舟竞渡是熔巫术、宗教、祭祀、娱乐、体育竞技为一炉的。战国以前，龙舟竞渡的巫术性、宗教性、娱神性较强；战国以后逐渐走向民间化、世俗化，其体育竞技性、游戏性、娱乐性、民俗性、历史性不断增强，逐渐替换和遮蔽了原初的巫术宗教意蕴。总而言之，由于过去生产力水平、人们科学文化素养的限制，龙舟竞渡活动不可避免地带上了宗教迷信的色彩。随着社会的进步，龙舟竞渡活动逐渐抛弃了旧的迷信思想，向着健康、有序的道路稳步发展。

第三节　龙舟竞渡的文化内涵

龙舟竞渡内含多元的文化现象，从古远节庆仪式遗传下来的龙舟竞渡，流传至今，说明它有特定的文化内涵。龙舟竞渡能起到凝聚民心的作用。古人把龙舟竞渡与祭祀神明联系在一起，把祭祀神明与风调雨顺、丰收增产、驱邪除疫结合起来，借助仪式感极强的龙舟竞渡活动，从中获取力量和信心。龙舟竞渡如今已发展成为国际性的竞赛项目，以龙舟竞渡为代表的龙舟文化，寄托着人们对美好生活的企望，成为一种团结协作、勇往直前、拼搏向上的力量，成为一个推动社会和谐、促进睦邻友好的载体，成为一种继承传统、弘扬文化的象征。

龙舟

中华才艺系列

DRAGON BOAT

一、彰显龙图腾

龙舟竞渡是龙图腾的彰显。

龙的概念可以说是一个宗教的概念，因而龙的起源、形成过程也反映了中国先民原始宗教信仰的发展和演变过程。早期人类生产力低下，对自然现象和社会现象产生种种恐惧与疑惑，渴望能够征服与支配自然，在精神上神化自然、敬拜求告，于是就产生了宗教。宗教信仰和龙舟民俗艺术有着亲密的血缘关系，龙舟竞渡起源于古代吴越、荆楚一带崇拜龙、祭祀龙、模仿龙的仪式，先民对龙图腾加以崇拜，表明自己是龙的子孙并祈求龙的保护。以龙为图腾的吴越居民，为了强化自己和图腾神之间的联系，常在自己的身体上和日常用具上刻画图腾的形象，求得图腾神的保护。汉刘向撰《说苑》卷十二《奉使》："彼越亦天子之封也，不得冀充之州。乃处海垂之际，屏外蕃以为居，而蛟龙又与我争焉。是以剪发文身，烂然成章，以像龙子者，将避水神也。"吴越之地，人们文身的目的，在于装扮成龙子，以避免水神（龙）伤害，这是基于"同类不相残"的朴素主观思想。而舟楫天天与水神打交道，倾覆之灾时时出现，为安全起见，人们采取与文身相同的办法，在舟身上饰以龙形，以避蛟龙之害。南朝萧子显《南征曲》："棹歌来扬女，操舟惊越人。图蛟怯水伯，照鹬竦江神。"划舟者在身上画上蛟龙的形象是为了"怯水伯，竦江神"（水伯、江神，即龙）。渐渐地，人们在祭祀龙图腾的节日里，用饰龙的独木舟竞渡，来敬奉取悦神明（龙）。每年五月初五，人们都要举行盛大的图腾祭祀活动，荡起刻成龙形的独木舟，伴随着阵阵击鼓声在水面做竞渡的游戏，以取悦图腾神。作为一项具有民族特色的重要的民俗体育活动，它已超出了体育的范畴，成为中华民族一种文化的、精神的内聚力量。在这种充满神秘色彩的原始宗教文化活动中，你追我赶的表面热闹景象，掩饰着人们虔诚地吁请生命保障的祈求，这就是龙舟文化的最初意义。

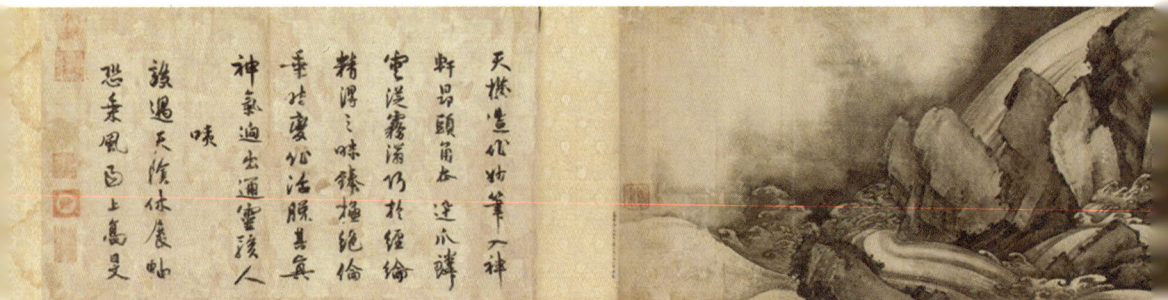

宋陈容《五龙图卷》

二、延伸节庆内涵

龙舟竞渡是端午节内涵的固化和扩展。

龙舟竞渡是中国年节活动中最具全民性和狂欢性的一项民俗体育活动，男女老幼，倾城而出。《全唐诗》卷二百七十五张建封《竞渡歌》："五月五日天晴明，杨花绕江啼晓莺。使君未出郡斋外，江上早闻齐和声。使君出时皆有准，马前已被红旗引。两岸罗衣破晕香，银钗照日如霜刃。鼓声三下红旗开，两龙跃出浮水来。棹影斡波飞万剑，鼓声劈浪鸣千雷。鼓声渐急标将近，两龙望标目如瞬。坡上人呼霹雳惊，竿头彩挂虹霓晕。前船抢水已得标，后船失势空挥桡。疮眉血首争不定，输岸一朋心似烧。只将输赢分罚赏，两岸十舟五来往。须臾戏罢各东西，竞脱文身请书上。吾今细观竞渡儿，何殊当路权相持。不思得岸各休去，会到摧车折楫时。"农历五月初五的端午节节俗活动是吃粽子、赛龙舟。单纯的节日娱乐，已无法满足人们对民俗文化内涵的认同。因为龙舟不是人人都能赛的，粽子也不是人人都喜欢吃的，所以端午节有多种习俗，以满足不同人群的不同要求。概括来说，主要有悬挂菖蒲、艾蒿；缠挂各种端午索；用符箓驱邪；饮用药酒，主要是蒲酒和雄黄酒；吃粽子；划龙舟或赛龙舟；姻亲交往，等等。这些节日习俗的中心是祛毒禳灾，保健康，求吉祥。到了近代，端午节的娱乐和社交功能变得更加突出，增强了民族的凝聚力，满足了群众的物质和精神需求。民间游戏与竞技活动和节日娱乐活动的紧密结合，使活动形式呈现多样化、人性化和表演化的趋势。从民俗游戏活动演变为大众化的体育运动，龙舟竞渡带来很大影响。

三、弘扬爱国精神

龙舟竞渡体现尊贤哲、爱国家的爱国情怀。

端午节有纪念忠臣介子推、"潮神"伍子胥、孝女曹娥和屈原投江等说法，先是充满原始崇拜和忠恕孝悌观念，后是体现屈原的爱国精神和高

尚节操，可见端午节的主题和标志有所改变。自魏晋以后，纪念屈原和团结爱国就成了端午节的主题。宋张耒撰《柯山集》卷二十三《和端午》："竞渡深悲千载冤，忠魂一去诅能还。国亡身殒今何有，只留离骚在世间。"千百年之后，端午竞渡成为一种游戏，宋刘敞撰《公是集》卷三《竞渡》："三闾虽已死，郢人独见思。五月江水深，绕城碧逦迤。轻舟烂龙鳞，利楫剧鸟飞。箫鼓骇蛟龟，鹰隼乱旌旗。争先爱中流，观者被水湄。漠漠怀沙魂，一去不可追。千载万岁后，儿女以为嬉。已矣国无人，终焉莫子知。"龙舟竞渡是端午节最盛大的民间娱乐活动，观众对龙舟竞渡的全心投入，既表达了龙舟竞渡的磅礴气势和空前盛况，也体现了一种爱国主义思想。千百年来，屈原刚直不阿、忧国忧民的贤哲风范一直感动与感召着后人，人们以龙舟竞渡来纪念这位先贤。屈原人格中最动人的部分，是他超越个体和时代的爱国主义情怀，这种情怀早已融入中国人的血液，成为中华民族精神的重要维度。而龙舟竞渡，则以群众性活动的形式，佐证了爱国主义传统在中华文化中的代代延绵。端午龙舟竞赛，是族群大交流、大聚会、大展示的日子，在潜移默化中融入对节日的记忆、认同和审美享受，对于传承、推广龙舟文化，增强民族向心力、凝聚力，有着重要的作用。在龙舟竞渡活动中，凸显节日民俗内容，增强群众的认同感，把龙舟文化形态植根于大众生活之中，使尊贤哲、爱国家的爱国情怀得到普遍认同和弘扬。

四、蕴含人文精神

龙舟竞渡具有体育和文化的双重意义，由此历经千年而长盛不衰。赛

两龙跃出浮水来

龙舟是一种民间习俗文化，也是一种民间体育运动，兼具文化内涵和运动美感。龙舟竞渡蕴含的民俗艺术和文化内涵，可从以下方面揭橥。

其一，拼搏精神。龙舟竞渡可以促进人的心理健康，宣泄情感、净化心灵，促进人类生理和身体健康。这种竞争包含了运动者之间精神、心理、体能、技能等方面的较量，竞争与合作的关系表现得非常明显。龙舟比赛需要鼓手积极有节奏地敲鼓，参赛者们运用肌肉力量向船后划水，齐心协力，默契配合，协调、和谐、合力向前才能取得胜利。参赛者们顽强拼搏、百折不挠，完全沉浸于物我两忘、乘风破浪、一往无前的"拼搏、前进"的精神意境之中。在桨与水的搏击中，龙舟竞渡将中华民族坚韧不拔、自强不息的主体生存意志与勇猛精进的民族个性表现得淋漓尽致。

其二，协同精神。龙舟竞渡还能起到友谊纽带的作用，包含着患难与共、风雨同舟、同舟共济等合作精神和团队精神。赛龙舟是20余人共同参与的一项竞技活动，每个人的性格、经历、兴趣各不相同，而为了竞渡夺标，就需要包容差异、求同存异、团结协作。龙舟竞渡这种特点，生动地体现了中华民族"和而不同"的文化精神。在当代，这种精神有着特别现实的意义，它是我们与世界各国和平共处、共同发展的文化精神纽带。

其三，创新精神。龙舟竞赛在舍弃了其部分原始的娱乐性和民俗信仰成分的同时，增加了竞技成分，龙舟竞赛参赛队员的数量与技术也在不断地更新，更加注重团队合作精神，以及坚韧不拔、顽强拼搏的体育精神，

奋力争先

形成了包括发展地方经济、弘扬民族文化在内的龙舟文化。它代表先进文化的前进方向，所以在现代社会备受推崇，吸引了中外各族青年才俊的广泛参与。今天龙舟竞渡更是走出了国门，在世界很多地方生根发芽，赢得众多海外民众的喜爱。龙舟竞渡的发展历程，深刻折射出中华民族不断开拓进取，拥抱新事物，开拓新局面，适应新环境的创新精神。

此外，举办龙舟节可以促进经济社会发展，带动新型的经济形态，即节庆经济。在节庆前后相当一段时期，可以带动的不仅是文化产业，而且还包括城建、商业、旅游、餐饮等系列产业；增进的不仅是广泛的社会效益，还有现实而深远的经济效益。龙舟活动蕴含着无限商机，具有广阔的市场前景，可以激活一方经济，推动区域经济社会发展。

第二章　龙舟竞渡的演变

　　龙舟初为在端午节为帝王助兴的工具，在唐朝与竞渡结合之后，采用龙舟竞渡的风气渐渐在民间普及。龙舟竞渡也成为许多画家笔下的题材，出现了如唐代阎立本的《龙舟图》，李昭道的《龙舟竞渡》；宋代张择端的《金明池争标图》，李公麟的《龙舟图》；元代王振鹏的《龙舟夺标图》①；明代仇英的《清明上河图》，唐寅的《龙舟竞渡》和张宏的《龙舟竞渡》；清代王概的《龙舟竞渡图》，李寅的《清明上河图》，西洋画家郎世宁的《雍正五月竞舟图》和徐扬的《观竞渡》等。尽管有些画作的作者或年代有待考究，但都是难以复得的文化瑰宝。翻开这些直观展示历史上不同时期龙舟竞渡情状的画卷，可以大致领略千百年来的端午民俗风情。

第一节　唐代龙舟风采

　　隋唐时代，龙舟开始盛行。605 年，隋炀帝大力推进"大运河"的建设，发展水上运输，广造船业，制"龙舟"等，并乘坐龙舟，先后三次驾

---

　　①　元人王振鹏喜画龙舟竞渡类题材，目前所知的此类绘画长卷有 10 幅以上，画名、内容均大同小异，如台北"故宫博物院"藏：《龙池竞渡图》《宝津竞渡图》（1310），《龙舟图》《金明夺锦图》（1323）；北京故宫博物院藏：《龙舟夺标图》（1310）；美国纽约大都会博物馆藏：《金明池夺标图》（1323）；日本东京程琦旧藏，今台湾私人藏：《龙舟图》（1323）；美国底特律博物馆藏：《龙舟图》（1323）；不知藏所，刊于徐邦达编《中国绘画史图录》：《金明池龙舟图》；香港王文伯携往美国，某美籍华人藏，杨仁恺《佚目·外物》：《龙舟竞渡图》。

临扬州。《隋书·炀帝纪》："庚申，遣黄门侍郎王弘、上仪同于士澄往江南采木，造龙舟、凤艒、黄龙、赤舰、楼船等数万艘。""八月壬寅，上御龙舟，幸江都。"隋炀帝如此大规模的龙舟游行视察，对龙舟形象在民间的宣传，其作用是毋庸置疑的，在端午节将龙舟与竞渡结合起来自然在情理之中。唐代骆宾王《骆丞集》卷四《扬州看竞渡序》："夏日江干，驾言临眺，于是桂舟始泛，兰棹初游。鼓吹沸于江山，绮罗蔽于云日。便娟舞袖，向渌水以频低；飘扬歌声，得清风而更远。是以临波笑脸，艳出浦之轻莲；映渚蛾眉，丽穿波之半月。靓妆旧饰，此日增奇；弦管相催，兹辰特妙。能使洛川回雪，独美陈思；巫岭行云，专称宋玉。凡诸同好，请各赋诗云尔。"这首诗所描绘的意境，虽然没有突出"竞"的激烈场面，却有看水上表演的休闲成分。唐代宫廷画家阎立本的《龙舟图》，可算是现存最为古老的龙舟题材绢画，三艘装有巨大龙头的舫船在湖中闲游。

李昭道的《龙舟竞渡》，则更能体现水上嬉戏的意境。图中有两小龙舟作前导，舟上人均手持旗帜，也即"绮罗"。跟随其后的是大龙舟三艘，绕湖心亭泛游。

唐阎立本《龙舟图》

唐李昭道《龙舟竞渡》

李昭道是唐朝宗室、彭国公李思训之子，曾为太原府仓曹、直集贤院，官至太子中舍人。擅长青绿山水，世称小李将军。兼善鸟兽、楼台、人物，并创海景。画风巧赡精致，虽"豆人寸马"，也画得须眉毕现。

前导的小龙舟

第二节　宋、元时期的龙舟

一、宋代

宋朝时期的龙舟竞渡场面宏大，有点类似水上阅兵，观水戏，看龙舟竞渡。北宋初，太祖赵匡胤三下禁渡令，以防百姓借机聚众结社，民间的竞渡之事稍有节制，但还是屡禁不止。太宗、真宗渐渐改变思路，力图把民间的竞渡游戏变成由朝廷控制的国防体育和供皇家欣赏的竞技运动，将其纳入都统司监管，在宋太宗朝末期渐渐形成了一定的规模。淳化三年（992）三月，太宗"幸金明池，命为竞渡之戏，掷银瓯于波间，令人泅波取之"，"岸上都人纵观者万计"（《宋史·礼志》）。咸平三年（1000）五月，宋真宗"幸金明池观水戏，扬旗鸣鼓，分左右翼，植木系彩，以为标识，方舟疾进，先至者赐之"（《宋史·礼志》）。这意味着金明池的水上运动开始与争"标"联系在一起。自北宋淳化三年至徽宗朝之前，北宋内府从三月到五月在固定地点"金明池"开展水上演技活动和竞技运动。北宋灭亡后，南宋初龙舟竞渡的宫俗就自然中止了，直到孝宗淳熙年间（1174—1189），才在临安（今浙江杭州）西湖渐渐恢复三月划龙舟的盛况。南宋在二月初八祠山圣诞之辰也举办龙舟竞渡活动，与金明池相当。

宋代在太平兴国元年（976）开始，便开凿属于琼林苑的金明池，练习水战。宋太宗将这一活动称为"竞渡之戏"："（淳化三年）三月庚申，幸金明池观水嬉，命为竞渡之戏。"宋代张择端遗留《西湖争标图》（也称《金明池争标图》）以及《清明上河图》，堪称旷世名作。明张丑撰《清河书画舫》："《向氏评论图画记》云：《西湖争标图》《清明上河图》选入神品，藏者宜宝之。"张择端早年游学于京师（今河南开封），后习绘画，宋徽宗时为宫廷翰林图画院待诏。"其界画尤嗜于舟车、市桥、郭径，别成家数也。"①

宋张择端《西湖争标图》

《西湖争标图》所描述的是，堤岸上观者如潮，池中央有观赏的大龙舟一艘，两旁有竞渡的龙舟十艘。水面上插着整齐有序的小旗帜，用来标志水道的远近，小旗帜正中水域上，有大旗一面，那就是"锦标"。水域四周，还有各式各样不同功能的小船，或指挥，或待命，各司其职。

如果说张择端的作品表现的是龙舟竞渡紧张而又激烈的场面，那么李公麟的《龙舟图》，完全就是龙舟竞渡之前的水上嬉戏了。在临水殿前横列大小龙舟、凤舟、虎头船等六艘，船上有百戏、鼓吹、傀儡棚、秋千、

---

① 界画：起于宋代，它既是指中国画的一种技法，也成为中国画的一个独立门类。作为中国画技法，界指界尺，是建筑绘图时专供毛笔画直线的工具，界画是套用了建筑中界划的意思。作为中国画画种，界画是指采用这种界尺，用界划的方法所绘的画。

上竿，等等。

二、元代

元人灭南宋后，朝廷曾诏令端午节禁止赛龙舟。一则担心保留宋朝这一类具有国家和民族意志的风俗会离析元朝统治，且此类民间风俗属于群聚性的大型活动，容易激发民情；二则龙舟赛事常常发生溺水事件，如至元三十年（1293），福州路发生了端午节赛龙舟伤人命的严重事件。在龙舟禁赛诏令生效后，民间依旧还有私下赛龙舟的活动，常常在端午节赛龙舟时发生溺亡事件。大德五年（1301），元成宗再度重申禁渡令，在元代政书《元典章》卷五七中就设有"禁约划棹龙船"专条。

元代王振鹏绘有龙舟竞渡题材的系列作品。王振鹏（生卒年不详），元代著名界画家。字朋梅，号孤云处士，永嘉（今浙江温州）人。"其运笔和墨，毫分缕析，左右高下，俯仰曲折，方圆平直，曲尽其体，而气势飞动，不为法拘，元季界画，可为第一。"王振鹏的龙舟作品始作于1310年，其所作绢本水墨长卷《宝津竞渡图》描绘了北宋都城汴京三月三日后宫苑金明池中戏水闹龙舟的故事。全画长卷，楼台千回百折，尽在水中，无地面。楼阁建筑从右至左逐渐繁杂，而以画卷末尾部分最为繁复雄伟。画中有一拱桥将建筑分为两段。画面从右向左展开故事。在右边的宽阔水面上有五艘龙舟错落有致地摆开，楼台也露出它起始的部分。在中间拱桥后面有几艘龙舟竞相争穿拱桥；桥右侧的一座高大楼阁似乎将许多龙舟遮没在背后。穿过拱桥，龙舟逐渐增多，人声鼎沸，橹桨奋动，显示比赛已进入高峰。末尾部分为全画高潮，从楼阁建筑到文武官员分列两旁及楼台前的比赛设施看，似乎皇帝亲临赛场。几艘快舟已经驰入水中设置的冲刺线，前面热闹的场面转而变得紧张严肃起来，而在这紧张严肃的现象后面，暗示着更为热烈与壮观的场面。

然而，王振鹏的龙舟作品所要表现的景象，是宋代《东京梦华录》卷七《驾幸临水殿观争标锡宴》中的场景，难怪后代会对其龙舟竞渡系列作

宋李公麟《龙舟图》

品的来源产生揣度和质疑。宋孟元老《东京梦华录·驾幸临水殿观争标锡宴》：

驾先幸池之临水殿，锡燕（通"宴"）群臣。殿前出水棚，排立仪卫。近殿水中横列四彩舟，上有诸军百戏，如大旗、狮豹、棹刀、蛮牌、神鬼、杂剧之类。又列两船，皆乐部。又有一小船，上结小彩楼，下有三小门，如傀儡棚，正对水中。乐船上参军色进致语，乐作，彩棚中门开，出小木偶人，小船子上有一白衣人垂钓，后有小童举棹划船，缭绕数回，作语，乐作，钓出活小鱼一枚，又作乐，小船入棚。继有木偶筑球舞旋之类，亦各念致语，唱和，乐作而已，谓之"水傀儡"。又有两画船，上立秋千，船尾百戏人上竿，左右军院虞候监教，鼓笛相和。又一人上蹴秋千，将平架，筋斗掷身入水，谓之"水秋千"。水戏呈毕，百戏乐船并各鸣锣鼓，动乐舞旗，与水傀儡船分两壁退去。

有小龙船二十只，上有绯衣军士各五十余人，各设旗鼓铜锣。船头有一军校，舞旗招引，乃虎翼指挥兵级也。又有虎头船十只，上有一锦衣人，执小旗立船头上，余皆着青短衣，长顶头巾，齐舞棹，乃百姓卸在行人也。又有飞鱼船二只，彩画间金，最为精巧，上有杂彩戏衫五十余人，间列杂色小旗绯伞，左右招舞，鸣小锣鼓、铙、铎之类。又有鳅鱼船二只，止容一人撑划，乃独木为之也，皆进花石朱勔所进。诸小船竞诣奥屋，牵挽大龙船出诣水殿，其小龙船争先团转翔舞，迎导于前，其虎头船以绳牵引龙舟。大龙船约长三四十丈，阔三四丈，头尾鳞鬣，皆雕镂金饰，楫板皆退光。两边列十阁子，充阁分歇泊，中设御座龙水屏风。楫板到底深数尺，底上密排铁铸大银样，如桌面大者，压重，庶不欹侧也。上有层楼台观槛曲，安设御座。龙头上人舞旗，左右水棚排列六桨，宛若飞腾。

至水殿，叙之一边。水殿前至仙桥，预以红旗插于水中，标识地分远近。所谓小龙船，列于水殿前，东西相向。虎头、飞鱼等船，布在其后，如两阵之势。须臾，水殿前水棚上，一军校以红旗招之，龙船各鸣锣鼓出

元王振鹏《宝津竞渡图》

阵，划棹旋转，共为圆阵，谓之"旋罗"。水殿前又以旗招之，其船分而
为二，各圆阵，谓之"海眼"。又以旗招之，两队船相交互，谓之"交
头"。又以旗招之，则诸船皆列五殿之东，面对水殿排成行列，则有小舟，
一军校执一竿，上挂以锦彩银碗之类，谓之"标竿"，插在近殿水中。又
见旗招之，则两行舟鸣鼓并进。捷者得标，则山呼拜舞。并虎头船之类，
各三次争标而止。其小船复引大龙船入奥屋内矣。

百戏

水秋千

舟

龙 舟
DRAGON BOAT

中华才艺系列

乐作

傀儡棚

上竿

元代画家吴廷晖，也遗有龙舟题材的作品《龙舟夺标》，其背景不大像是在皇家园林，这也许是作者创作时候的意会，希望龙舟竞渡走向民间，与民同乐。

第三节　明、清时期的龙舟

一、明代

入明，特别是在明代中期的苏州片画家那里，龙舟竞渡已不再作为独立的绘画题材。他们认为宋代张择端的《清明上河图》卷不完整，其后应该是画龙舟竞渡的场景，因而将龙舟竞渡题材"合并"到《清明上河图》卷里，出现在苏州片画家所绘"清明上河图"的后半段。仇英临摹宋朝人的画作，几乎可以乱真，他的《清明上河图》就是一个典型的例子。仇英原籍江苏太仓，后移居苏州，生于明弘治十一年（1498）左右（也有人认为是 1509 年），卒于明世宗嘉靖三十一年（1552），是明代最有代表性的画家之一，与沈周、文徵明和唐寅被后世并称为"明四家""吴门四家"，亦称"天门四杰"。他擅画人物、山水、车船、楼阁等，尤长仕女图，擅长界画。

元吴廷晖《龙舟夺标》

明仇英《清明上河图》

明末资本主义萌芽，以及城市手工业经济和商业经济的发展，再度给市民画家开拓了描绘市容的绘画题材。在明清两朝，"清明上河图"已经成为一种特有的绘画题材，"街景画"在苏州形成了新的"清明上河图"，一般在画面中由右向左依次画出近郊村野、城外虹桥、城里商肆和御苑龙舟四大区域，所绘城市大多以苏州代替开封，在御苑之外，所绘河流必须是一条运河一以贯之，上有一座拱桥，下有舟船，两岸街肆鳞次栉比，还须绘有城墙、城门和闹市区等场景。明代苏州片"清明上河图"的基本结构来自宋本，这要归于宋本曾在苏州一带有过长达百年的递藏历史。由于此类绘画所绘之景皆是作者在苏州生活的所见所感，因此所有的景物和人物几乎都苏州化了。这些画作经过许多明代工匠画家的传摹，在苏州一带广为流传，明本就是其中较为突出的一本，展示了画家的界画功底和人物画技巧。仇英《清明上河图》中所画的龙舟，透露了明代划船的特色：龙舟在湖上悠闲划行，一舟四桨，两人一组对面站立，同划一桨。

与沈周、文徵明、仇英合称"明四家"的唐寅（1470—1523），字伯虎，一字子畏，号六如居士、桃花庵主，江苏苏州人。幼年俊才，博雅多识，诗文书画俱佳，尤擅画山水、花鸟、人物。又与文徵明、祝允明、徐祯卿合称"吴中四才子"。他的《龙舟竞渡》描绘的是一幅民俗龙舟夺标情景，

明唐寅《龙舟竞渡》

鸭子标

特别引人注目的是，所设的"标"，是在水中游走、惊慌失措的鸭子。三艘龙舟均有顶棚，以锣为号，旗手为小童，站立于龙头之上。图中题识："过饮九达，王兄大醉而归。便舟得观竞渡之胜，殊为技痒，图此寄意，必为识者之贤，但兴之所至不能自抑也。"

二、清代

无独有偶，宋代张择端《清明上河图》的艺术感染径直影响到清代，江苏扬州的李寅（生卒年不详），字白也，号东柯，善摹北宋人山水，往往乱真，兼善界画。1669 年仿作张择端《清明上河图》，也在图的末部添加了临水楼亭以及龙舟竞渡的图景，临水楼亭对开的水面有龙舟、虎头船

女性划手的凤舟

清李寅《清明上河图》局部

各一艘，稍远两端，左侧为一大型龙舟，右侧为一凤舟，正穿越拱桥向临水楼亭方向驶来，清晰可见凤舟上的划手为女性。

19 世纪中期的一幅水粉画《中国龙船》，称得上是清代龙舟的标准像。画面中有大小船只两艘，大船即为龙舟，色彩鲜艳，舟身绘以龙麟。船上置有 1 鼓 2 锣，1 面大型三角蜈蚣旗，3 顶罗伞，有旗手或夺标手 1 人，舟的首尾有长方形旗帜。尾随的小船作救生或者护卫用。

清代乾隆皇帝大力推行龙舟竞渡，有《端午日奉皇太后观竞渡》诗："宿雨初晴霁景鲜，承欢行庆答芳年。惟欣爱日临任棻，讵拟薰风入舜绹。画鹢飞波迅于鸟，彩绹界道直如弦。远人许预天中赏，欲使重瀛盛事宣。是日西洋博尔都噶里雅国使臣亦命入御园观览。""彩绹界道"就是用彩色的绳索分界水上的赛道。赛道分水线的使用，在这个时候就已经出现了。"远人"指葡萄牙使臣。"天中"指天中节，即端午节。"重瀛盛事"即竞渡盛

水粉画《中国龙船》

事。"博尔都噶里雅"即现在的葡萄牙。端午节在西苑举行的龙舟竞渡，特别允许外国使臣进场观看，用以宣传该项活动。清代自顺治起，每年端午日，皇帝和王公大臣都要在西苑以龙舟竞渡酬节。直至光绪年间，西苑还有乾隆御书。康熙之所以看重竞渡，旨在借竞渡宣传"重瀛盛事"，弘扬屈原的爱国精神，维护清朝之统治。

清代画家徐扬（生卒年不详），江苏苏州人，生活在乾隆时期。乾隆十六年（1751）高宗南巡至苏州的时候，他献画给高宗，并因此成为宫廷画家。他所绘《端阳故事图册》第八开《观竞渡》，描绘了端午节期间的重要民俗活动，集中表现了各地的风俗习惯，图题"观竞渡，聚众临流称为龙舟胜会"，也解释了什么是"龙舟胜会"。

西苑竞渡的情景虽然没有直观的表现，但皇家园林里面赛龙舟的图画，还是可以见到的。清代长期居住在中国的意大利画家郎世宁，是宫廷的御用画家，他的作品《雍正五月竞舟图》，表现的是端午节圆明园的赛龙舟。

清郑重《龙舟竞渡图》

清徐扬《观竞渡》

清代西洋画家郎世宁
《雍正五月竞舟图》

雍正皇帝特意为该图题诗《五月竞舟》：

> 江阁登临颇欲胜，中都子弟冶游成。
> 盛朝已附屈原老，竞看龙船载妓新。

郎世宁（Giuseppe Castiglione，1688—1766）是意大利人，原名朱塞佩·伽斯底里奥内，生于米兰。清康熙五十四年（1715）作为天主教耶稣会的修道士来中国传教，随即入宫进入如意馆，成为宫廷画家。他曾参加圆明园西洋楼的设计工作，历任康、雍、乾三朝，在中国从事绘画长达50多年。

藏于台北"故宫博物院"的郎世宁《雍正十二月令行乐图》十二幅，是表现雍正帝十二个月的日常生活的作品，分别为：正月观灯、二月踏青、三月赏桃、四月流觞、五月竞舟、六月纳凉、七月乞巧、八月赏月、九月赏菊、十月画像、冬月参禅和腊月赏雪，描绘的场景可能是圆明园。画面以山水楼阁为主，建筑描绘细腻，其中既有中式园林建筑，又有西式

清《彩绿金线织端午龙船图》

上海龙舟竞渡版画

亭台楼阁，更有中西合璧者，画面的景观可能是画家以圆明园的建筑结合自己的想象而创作的。圆明园是雍正做皇子时的封赐，他解释说"圆明园"的赐名大有深意："圆而入神，君子之时中；明而普照，达人之睿智也。"雍正三年（1725）八月圆明园兴修一新之后，雍正皇帝经常在园中居住并在此办理公务，他明谕百官"每日办理政事与宫中无异"。这十二幅行乐图展现了其在圆明园生活的各个场景，也表现了十二个月的不同节令风俗。

由于皇帝的推崇，清朝时期端午节官办和民办的龙舟竞渡活动开展得比较好。在资本主义萌芽的大都会上海，龙舟竞渡也不失其都会的气派。划手服饰统一，舟上彩旗飘飘。

应该说，大型的、有组织的龙舟赛，秩序井然；而民间的龙舟赛，则较多"安全隐患"，溺水事故时有发生。1908年《国粹学报》上刊载的插图《彩绿金线织端午龙船图》，看起来似乎是有序的竞渡。

溺水事故是端午余庆的悲剧，时有发生。《点石斋画报》上刊载的清金桂绘《追踪屈子》题：

燕湖端阳节有龙舟竞渡之举，争先斗捷，各奏所能。时适有湖南煤船泊于此，船中伙记十余人，蒲觞醉后，逸兴与遄飞戏，以划船装作龙船模样，相随大队，容兴中流。不料一转侧面，竟作紫燕翻飞之态，所幸众人熟于水性，如点水蜻蜓飞赴岸。内有两人贾其余勇，跃登船背，若无所谓败兴也者。观者无不相与拍手，叹为奇观。适时撤船近岸，反之使正，一人忽流入江心，被友救起则已追屈大夫矣。水懦弱民狎而玩之，故多犬马谅哉。

此外，清末也可以见到用于祭祀的龙舟竞渡画面，如《点石斋画报》中的配文图《虔祀曹娥》。

19 世纪中叶的香港，备受殖民主义者的屈辱。中国的传统节庆虽然照常举行，但是，或多或少地渗入殖民主义的色彩，龙舟有时候被迫冠以外国商会的名称，悬挂外国的旗帜。那时候香港的传统龙舟，修长的龙舟均装饰艳丽夺目，有划桨手20至90名不等，配鼓手2至4名。英国建筑师、画家 Thomas Allom 对香港

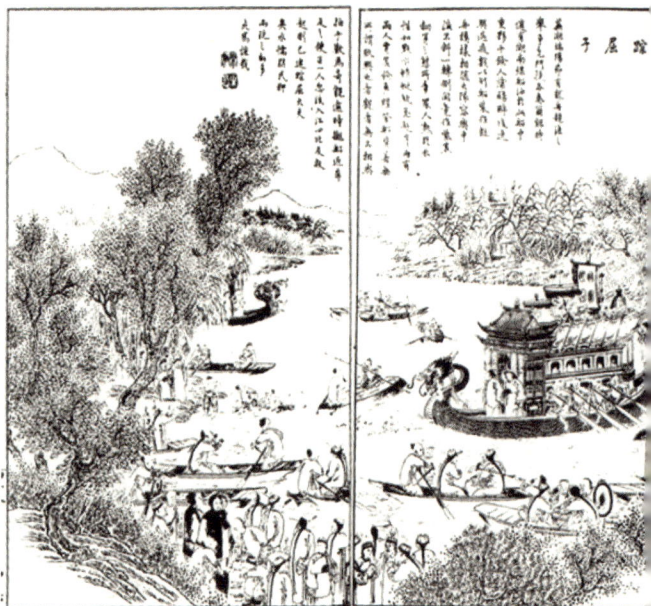

清金桂《追踪屈子》

清《虔祀曹娥》

端午节划龙舟印象深刻，于 1858 年创作了《中国端午龙舟竞渡》的水彩画，描述中国龙舟在商船林立的水面上奋勇疾行的场景，这是近代史上外国画家创作的难得一见的龙舟作品。

对中国传统文化的不了解、不尊重，也是殖民主义者的一贯表现。在春节期间采用龙舟竞渡的形式进行"庆典"，绝无仅有。何安达（译名）收藏的一幅《春节龙舟竞赛》油画，创作于 1860 年，左方建筑物上文字显示当时是春节，并有"状元第"字样。龙舟上挥舞的旗帜，疑是各国国旗或商会标识，与中国传统龙舟的三角蜈蚣旗不同。

水彩画《中国端午龙舟竞渡》

油画《春节龙舟竞赛》

第四节　民国时期的龙舟

民国时期战争频仍，时局艰难，对于龙舟竞渡这一传统节庆的废与兴，曾经有过争论。尤其是民国之初，有人觉得龙舟竞渡劳民伤财，作为无益，应该停止。姚民哀《龙舟》："水滨竞渡，彩帜鲜艳，作为无益，不顾时艰。"还有人认为，既然清政府被推翻了，就应该实施新的制度，龙舟竞渡是坏人心、陋国俗的行为，自当废除。林镇邦《论端阳竞渡之谬》："角胜负而寓尚武于游戏，习水性振航业于将来。竞渡之举，不妨鼓吹行之，遍地行之。至若迷行以窒民智，瞎闹以败国俗，则亦不妨破积习而停止之，废除之，宁歇上其三日欢，而俭省万万金钱，万万时刻，挽回多多士心，多多利权乎。我国以阴历五月五日，弔江竞渡。无都无邑，无海无江，无不抬神像扮曲戏，以行竞渡；无男无女，无老无幼，无人不到江边企足跟，以观竞渡。甚至，公所停办公，学堂添节假，举国若狂。一若与吾人有特别之关系利益，吾国人有不得不奉行者。至溯其原委，乃曰效楚人哀屈原之沉汨罗耳。噫！屈原悻望自沉，已有杀人（自己亦人）之罪，又以其死也，年年地地，坏人心陋国俗，得毋日增其戾耶？然屈原既死矣，不能认咎，是乃鼓吹者、举行者之谬也。"浦菊灵《嘉定龙舟》："龙舟在孔庙前学潭中打招，龙头上一人高立，四周画舫游船密布观赛，岸上观者更如云集，际此国难声中，竟有如此豪兴，况一年前嘉定正遭亡城之痛乎，余亦嘉定人，鸣呼哀已。"

珠江口上的龙舟

嘉陵江上的龙舟竞渡

即便如此，龙舟竞渡还是在全国范围内展开，成为不能破除的习俗。因为，龙舟竞渡是当时唯一一项全民同欢、全员参与的活动，也最具激发精神意志的内涵。在广州珠江，《观竞渡论屈原事》："五月五日粤有竞渡之举，盖相传已久，已成不能破除之习惯矣。时逢夏旬之际，则荔子累累满树，自远望之，如赤云，如红锦，与绿叶相间，茂丽异常，景殊不恶。游人插足其间，以观龙舟往来，意至乐也。但见五色旗帜，十番锣鼓，照耀喧闹于河中。其龙舟前刻龙头，可活动自如，龙尾摇摆如生。竞者奋力鼓棹，务求其远。如有某龙舟得胜，旁观者则鼓掌以贺之。鼓乐之声，不绝于耳，诚一时之兴致也。"在重庆嘉陵江，抗日战争时期，重庆受到日本战机狂轰滥炸的时候，国民政府以大规模的龙舟竞渡来提振人民抗击侵略者的信心。《神经战攻略下，渝市民心坚定》："日本此次结集机群连续狂轰渝市，其目的据称是为打击重庆民众之抗日意识，然其结果以六月九日渝市所举行的水上运动会，即可以否定的明证，按六月九日为礼俗端午节前夕，渝市五万余民众为纪念昔年愤国事投江之屈原，及抗战中捐躯之无数烈士，于嘉陵江上举行龙舟竞渡赛，是日于空袭警报解除后，竞赛即紧接举行，其热烈情况，并不因日机连续惨炸而稍减。"

在上海黄浦江，且看尹苇节译自英文杂志 *North-China Daily News* 的报道 *Dragon Boat Race*（《龙舟竞赛》），就可以知道当时水上娱乐的热闹场景：

昨天，十只装饰华美的龙舟和一只美丽的凤船，当他们在黄浦江上表演一年一度的水上狂欢节的时候，吸引住了无数因兴奋和叹赏而着迷的观众在外滩公园中和毗连的江岸上。一群一群的人，乘着三轮车、汽车、人力车、卡车和电车，由城区和城郊各处拥到江边，炙热的太阳并没有阻止他们的兴致。午饭过后不久，在南京路以北的外滩，交通全被阻塞。中山路上运输着的车辆拥挤异常，空旷场地则塞满了大汽车和载客车，其中许多车辆还当作了观看龙舟竞赛的特别看台。外滩上这一段高楼大厦，窗子和屋顶上都挤满了看热闹的人。当龙舟沿江下驶之际，人群的手照机不断地滴答响着。

龙舟饰以花色旗帜和闪耀的龙鳞，一副动人的头和尾。每只龙舟上有二十个大汉，据说他们大都是救护船上的工人以及第一流的潜水者。凤船则由年青的女人划着，她们穿的是浅蓝色有大红衣边的运动衬衫和黑短裙。各舟上都有一组中国乐队的乐器，他们的铙钹大鼓和铜锣发出震耳欲聋的音乐，使得排列在沿江两岸的群众增加了兴奋的情绪。凤船上由中国弦及大小横笛发出音乐，则较为柔和而动人。当这支富有魔力的船划过由南市至外白渡桥中间的各码头时，观众用爆竹、冲天炮和雷声似的喝彩来欢迎她。

中间有一些潜水家，会当着外滩公园江岸上的群众面前表演令人惬意的潜水术。这些肉体"潜艇"潜入水中，将观众投入水中的东西又捞了起来。

傍晚时候，龙和凤便向他们早上的发出地浦东江岸划去。据说他们在浦东的一个寺庙里烧着线香将这一次的表演告一结束。

《中美周报》1947年第246期刊载：阴历（1948年）五月五日为我国端午节，依俗每年有龙舟竞渡。内战期中，人民虽痛苦万分，仍未忘记端午。

台湾龙舟竞渡通称"扒龙船"，自清康熙二十三年（1684）至光绪二十年（1894），有二百多年的历史。当时龙舟竞渡分府城、近海和海口三处举行，府城地方有使用竹筏行"抢水标"的竞渡之举，近海地方则借杉板小船行使"斗龙舟"，而海口之处有渔民以渔舟竞"斗龙舟"。1945年日本宣布战败，台湾管理权转移之后，国民党政权继之而起。从此台湾的端午龙舟竞渡披上了军人色彩，无非是借屈原精神企图宣扬"国家"意识。

香港有在鸭脷洲、鸭巴甸赛龙舟的习惯，因此两处水域宽阔，风浪较少，适合大型传统龙舟的游渡。南方大型龙舟竞渡，龙舟调头容易出现"人仰舟翻"的事故，所以需要调头的时候，所有划手皆向后转向，变为龙尾向前划行。1923年的《香港仔赛龙舟》油画（佚名），就是划手转向后方的竞赛。画的背景为香港鸭脷洲对出的小岛，俗称"鸭蛋岛"。

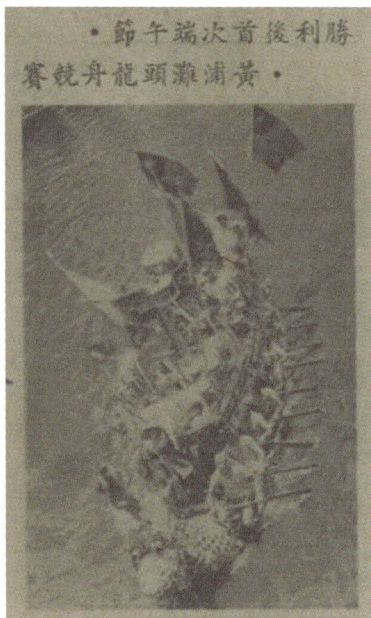

1946 年上海黄浦江上的龙舟

嘉定龙舟

民国时期的台湾龙舟

1947 年上海市龙舟大会

1947 年上海市龙舟大会中的凤凰舟

油画《香港仔赛龙舟》

香港鸭巴甸的龙舟竞渡

第三章　龙舟的文化艺术

龙舟，在漫长的历史演变中，通过自身的文化融合，衍生出了绚丽多彩且富有特色的艺术形式，成为中国戏曲、民歌、乐器、文学等方面的优秀素材，并在艺术个性、风格和造诣上自成一派，闪烁着灿烂光华，形成独具一格的龙舟泛文化艺术。

第一节　龙舟曲

一、龙舟曲简史

以龙舟为主题的曲，在唐已经有文字记载，并一直延续下来。李唐时期的"曲终人散空愁暮，招屈亭前水东注"。刘禹锡撰《刘宾客文集》卷二十六《竞渡曲》："竞渡始于武陵，至今举楫而相和之，其音咸呼云何在？斯招屈之义，事见《图经》。沅江五月平堤流，邑人相将浮彩舟。灵均何年歌已矣，哀谣振楫从此起。扬枹击节雷阗阗，乱流齐进声轰然。蛟龙得雨鬐鬣动，蟒蛛饮河形影联。刺史临流褰翠帏，揭竿命爵分雄雌。先鸣余勇争鼓舞，未至衔枚颜色沮。百胜本自有前期，一飞由来无定所。风俗如狂重此时，纵观云委江之湄。彩旗夹岸照蛟室，罗袜陵波呈水嬉。曲终人散空愁暮，招屈亭前水东注。"后来经过宋人的考究，发现《竞渡曲》从越王勾践的时候就已经出现了。宋郭茂倩辑《乐府诗集》卷九十四《竞渡曲》："刘异《事始》曰：《楚传》云：竞渡起于越王勾践；《荆楚岁时记》云：旧传屈原死于汨罗，时人伤之，竞以舟楫拯焉，因以成俗；《岁华纪丽》云：因勾践以成风，拯屈原而为俗，是也。刘禹锡序曰：竞渡始于武陵，至今举楫而相和之，音咸呼'何在'，招屈之义也。《竞渡曲》盖起于此。"宋王十朋撰《梅溪后集》卷十二《五月四日与同僚南楼观竞渡因成小诗四首，明日同行可元章登楼又成五首》："舟人鼓楫呼何在，声似湘沅江上声。更听刘郎竹枝曲，不论南北总伤情。"

赵宋时期的"归来醉作踏浪歌，应笑吴儿拜浪婆"。宋周紫芝撰《太仓稊米集》卷二《竞渡曲》："江风猎猎吹红旗，舟人结束夸水嬉。短衣青帽锦半臂，横波鼓鬣飞鲸鲵。江潮漫漫江水阔，浪花击碎千堆雪。画桡擘水挽不回，白羽离弦箭初脱。归来醉作踏浪歌，应笑吴儿拜浪婆。朱楼相映绿阴里，两岸人家欢乐多。饭筒角黍缠五彩，楚俗至今犹未改。日暮空歌何在斯，不见三闾憔悴时。"

有元一代的"棹歌满江声入云，醉狂不畏河伯嗔"。许恕撰《北郭集》卷一《古竞渡曲》："小船凫雁翔，大船火龙骧。船头翠旃舞，船尾彩旗张。水师跳浪健如虎，仿佛冯夷来击鼓。奔走先后出复没，银涛蹴山洒飞雨。棹歌满江声入云，醉狂不畏河伯嗔。撇波急桨电光掣，夺得锦标如有神。灵均孤忠照今古，土俗犹能继端午。湘魂不来心独苦，归咏离骚酹蒲醑。"

及至明清二朝，龙舟曲长盛不衰，朱彝尊编《明诗综》卷五十侯一麟《竞渡曲》："远水浮云不见天，画桡处处旋龙船。谁家少妇轻回首，忘却临流堕翠钿。"清厉鹗撰《樊榭山房续集》卷六《西湖竞渡曲四首》："熟梅过后水如天，叠鼓初闻破晓烟。三载王郎棚下梦，何如闲上泛湖船。""竹风葵日共鲜新，向午湖亭扇障尘。试为楼家参转语，八分烟水二分人。""帘影参差几舸开，傍湖亦有小楼台。绿窗剪舌教鸲鹆，催看龙舟独后来。""青山四压碧窅幽，高处风光望里收。绝似东京旧图样，彩旗横过宝津楼。"朱鹤龄撰《愚庵小集》卷六《龙舟曲二曲》："喧喧黄帽棹头郎，风涌涛翻万马强。两岸画船齐卷幔，不愁溅水湿红妆。""沸天箫鼓竞吴船，水面游龙戏万条。只恐海波飞欲立，鲛人无处织轻绡。"《中秋龙舟曲三首》："火树银缸映月铺，琉琉片片闪重湖。光明直欲连鲛室，惊吐骊龙颔下珠。""虹亭云比幔亭多，凌乱珠辉涌素波。应共塔灯流照远，明朝渔网笑空过。""喧阗鼓吹绕长虹，水马千盘皓魄中。霜女素娥皆寂寞，夜深应会水晶宫。"

到了近现代，随着广播、影像等有声艺术的技术传播，诸多的龙舟曲声名远扬，回荡在神州大地上。单纯的用器乐演奏的龙舟曲，现存何柳堂

《赛龙夺锦》、阿炳《龙船》是两首经典之作。

二、何柳堂《赛龙夺锦》

　　广东音乐经典名曲《赛龙夺锦》（又名"龙舟竞渡"），由广东音乐家何柳堂所作，描绘端午节龙舟竞渡的热烈情景，表现人们奋发向上的精神。此曲的引子，从龙舟赛的"擂鼓圈头（转头），闸水转身"开始写起，继而起单蹄鼓，写出齐心协力、游龙戏水的情景。接着是两龙舟彼此相遇，竞赛开始，你追我赶，互不相让的局面。当龙舟接近终点夺标的最紧张的状态时，采用一板一眼的密集鼓点来表现。到最强音，展观的是得胜者夺标的一刹那。跟着是擂鼓圈头，鞭炮大作，表现龙舟凯旋的喜悦心情，以及兴高采烈地接受人们敬意的自豪情绪。那雄壮的引子和激奋的音乐，把人带进沸腾的龙舟竞渡的艺术境界中。全曲以曲首的音调为基础，用模进、变形等手法，使乐曲不断衍生、发展，节奏鲜明，音调昂扬。演奏中加进唢呐、锣鼓等，使乐曲大为增色。

　　何柳堂名森，字汝香，号柳堂。因头颅颇大，绰号"大头森"，番禺沙湾北村人。祖父何博众，因排行第四，人呼之曰博众四。父何厚淇早死，柳堂过继给八叔何厚锷。他生长在音乐世家，叔伯辈都爱好音乐，故幼年时耳濡目染，受到音乐的熏陶。他全面继承其祖父"十指琵琶"的技法，并继承和发展了何氏家族的音乐传统艺术，加以提高再创作，与后辈何与年、何少霞并称广东音乐何氏三杰，与广东音乐名家严老烈、罗绮云等一起为发展广东音乐做出了不朽的贡献，是广东音乐典雅派的开创者，也是著名的琵琶演奏家和作曲家。《赛龙夺锦》一曲在广东音乐史上占有重要位置，它是在何柳堂祖父何博众创编的《龙舟竞渡》的基础上进行的再创作。何博众根据端午节民间龙舟竞赛的盛况，用模拟生活的现实主义手法，把赛龙舟的顺序和由此产生的情绪编曲成乐，成为还没有记谱的《龙舟竞渡》。何柳堂将祖父口授的《龙舟竞渡》用谱记下来，加以整理，四易其稿，费尽心血。梁谋、阮奇威在《何柳堂及其〈赛龙夺锦〉的产生过程》一文中考证：首先柳堂把口授

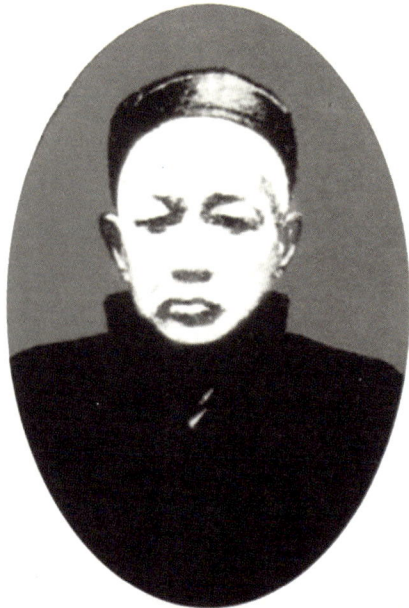

何柳堂像

心记的《龙舟竞渡》谱曲，粗成第一稿。再与陈鉴进行研究，陈鉴作了节奏上的处理，并修改了乐曲的中段，其曲名改为"龙舟攘渡"，形成第二稿。又同何与年、何少霞、陈鉴等人反复推敲，认为音色孤寡，由少霞加花指（即装饰音等），并将曲名改为"赛龙夺锦"，这是第三稿。后来认为第三稿还有不完善的地方，柳堂、与年、少霞、陈鉴等人反复推敲，由与年集思广益，进行修改并定稿。20 世纪 60 年代，黄锦培曾经在陈德钜那里见过其保存的何柳堂《赛龙夺锦》手稿。《广东音乐欣赏》："以这一首《赛龙夺锦》为例，他（何柳堂）在一本'账簿'作为曲集上写作，曾四次更改，曲先为定名为《龙舟竞渡》，第二稿改名为《龙舟攘渡》，第三稿也是这名，到第四稿才定名为《赛龙夺锦》，每一稿的旋律都有改动，从这里可以看到他作曲的态度是严肃的。这一本手稿是在何柳堂去世之后，由钱广仁（又名钱大叔）去他家乡吊唁之时，何氏家属送给钱大叔，后来这稿本由钱大叔送给陈德钜，我曾从陈德钜手中借来翻阅，并于 1962 年由秦章来广州时拍了照片，交了给中央音乐学院民族音乐研究所的，这原稿本在文革中烧毁了，至于影下的照片也许还留在那里。

《赛龙夺锦》是何柳堂的精心之作，黄锦培有这样的评述："他的手法，先是在结构上有了总的布置，又从现实生活中去吸收那竞渡的划桨节奏，随后以旋律的句逗对答，段节的错综安排，加上运用了动机的模仿重现，使得整首曲生动不呆滞，丰富不单调，音区又不过于宽阔，易于掌握。中间的过渡插句还保留着传统的乐语，悦耳且引人入境。至于它有引子、尾段及尾声，虽不是惟一的创举，但在早期的广东音乐中也是少见的，这样能使听众更为满足。故这首乐曲确是难能可贵之作。"

《赛龙夺锦》一曲受民间传统端午龙舟竞渡的启发，十分形象生动地再现了赛龙舟的盛景，其调本来就有刚劲、浑厚、亢奋的特色，感染力特强。通过鲜明的节奏，精练而简洁的乐句，把赛龙舟中那种奋发向前、不甘落后的精神升华到一个光焰四射的境界，充分表现了我们中华民族（龙的传人）同心协力、奋发向前的伟大民族精神。龙是中华民族文化的肇端，那种生气勃勃的精神，正是中华民族强大生命力的体现，而在《赛龙夺锦》中那丰富的音乐形象，生动地再现了这种精神，使人感到振奋、激越。因此当时此曲在广播电台一播出，听众的反应就异常激烈，尔后迅速流传，深入人心，其影响不仅在广东，而且在全国、全世界。此曲不仅是广东音乐的代表作，也是中国民间音乐的代表作。几十年来虽然经过多次修改，流行的曲谱也有诸多版本，但基本曲乐是一致的。

中华才艺系列

龙 舟

DRAGON BOAT

龙舟竞渡

（二胡，三弦，提琴，曼特铃）（定六月二十三日十九点奏播）

各龙船集会预备开始比赛　　　　　　　　甲船锣鼓声

（引子） 0 2 1 3 5 6· 2 6 45 3 5· 3 ‖ 5· 3 5· 3 56 2 3 5 7

　　　　　　　　　　　　乙船锣鼓声

6 5 6 5 6 7 5 6 4 3 2 6 4 3 5 0 1 2 0 1 2 0 1 2 3 6 7 2 4 3

　　　　　　　　　　棹桨声

2 3 4 5 3 4 3 4 3 2 1 2 1 7 2 2 7· 1 2 2 7· 1 2 2 3 2 7 2 3 7 2 7 2 7 6 5 6 7 3 2 2

　　　　　　各船努力竞赛

7 2 3 2 7 2 3 4 3 2 7 3 2 3 4 2 3 7 6 5 6 5 4 5 4 3 4 3 2 1 7 6 7 6 5 6 7 2· 3

2 3 2 7 6 7 2 2 7 6 5 7 6 7 5 6 7 0 3 2 2 4 3 2 7 2 6 2 7 2

　　　　　　　锣鼓衬桨声

　　　　　　桨拨水花声　　　　　吆喝助乐声

6 2 7 2 6 4 3 4 3 2 7 2 3 5 2 2 5 5 1 2 2 5 5 1 2 2 5· 3 2 2 5· 3 2 2 3

　　　　联翩推进

2 3 0 1 7 3 4 3 2 7 2 3 5 2 4 3 4 3 2 1 3 2 3 4 3 4 3 2 1 3 1 2 4 3 4 3 2

7 2 6 7 3 4 3 2 7 2 5 6· 7 6 7 6 5 3 2 5 6 2 7 6· 7 6 7 6 2 7 6 5 6 4· 6 4 2

　　　各船落后

4 2 7 6 2 7 2 3 4 3 2 7 2 3 4 4 3 2 3 1 7 4 3 2 1 7 6· 5 3 3 2 7 2 3 2 7 5 7 5 3

　　　　　乙船突进　　　　　甲船过头

2· 3 2 3 2 7 6 7 2 2 5 6 1 2 0 3 1 2 2 1 5 6 4 5 4 5 2 6 4 3

　　　　　　　两船竞快

5 1 2 1 2 4 3 2 7 6 2· 3 2 5 2 3 3 4 3 2 5 4 1 2 3 4 3 2 5 4 7 1 1 0 4 2 1 4 2

　　　　　　　　各船锣紧鼓紧

1 1 5· 1 7 1 2· 1 7 1 5 5 0 4 2 4 5 5 4 5 2 4 5 6 5 4 3 4 1 4 3 4 1 4 1 4 5 6 7

　　衔尾直追　　　　　　甲乙船旗鼓相当

6 5 4 5 6 6 7 6 5 4 3 2· 6 5 7 6 1 2 2 3 1 2 1 2 1 3 5 3 5 3 5 7 6

　互不相让　　　　　　甲船终胜乙船一筹

5 7 6 5 7 6 5 4 3 2 7 1 2 1 2 0 7 1 2 1 2 1 2 3 5 1 2 3 5 3 5

　　　先到决胜点　　　　甲船夺得锦标

1 2 1 2 3 5 3 5 3 5 5 7 6 5 4 3 5 0 3 2 2 3 2 4 3 2 7 3 2 3 5 6 7 6 5 6

　　　　　　欣然相庆

7 3 2 1 7 7 3 7 2 3 2 7 6 6 3 7 2 4 3 2 4 2 3 7 6 5 4 3 2 1 7

鼓棹言旋

6 1 7 6 1 7 6 2 5 6 6 5 6 6 5 6 7 2 7 6 5 6 6 0 6 6 0 7 2 3 6 0 6 0 7

2 3 6 2 1 5 6 6 ‖

《龙舟竞渡》曲谱

此外，由于《赛龙夺锦》曲调优美，被用作填词的器乐曲：粤曲《夜战马超》开首句"蛇矛丈八枪，横挑马上将"就是配上引子的节奏；粤曲《佘赛花》用该曲谱完整填词："云游万里天，驰驱归路远。策马负剑越过中原地，面趋北塞把良驹选，采驹百匹，满载而归……"

当代电影《小刀会》也借用该曲头段旋律；电影《南海潮》插曲用《赛龙夺锦》一曲填词："南海耀彩虹，渔乡喜东风。东风，东风，催发万众英风。树雄心大志，改造山河，天摇地动！东风，东风，渔船阵似长龙。渔人追捕鱼群，奋战在海中。大浪飞涌，大浪飞涌。来呀，来呀，紧拉渔网不放松！水如冰冻，心似火红，日夜勤劳动。鱼虾满仓，风露满篷。迎曙光，望归程，笑开心胸——朝阳照海东，朝阳照海东。春波荡漾，椰树摇空。大船小船满渔港，渔乡儿女多英雄。千家万户映彩虹，人人身在图画中。浩荡东风，浩荡东风，渔乡欢歌似潮涌！"

1936年国民党中央广播无线电台于6月23日19点奏播《赛龙夺锦》的曲子。《广播周报》为满足读者要求，于1936年第90期登载了该曲谱，曲名仍为"龙舟竞渡"："所奏音乐，各地听众以无从获得曲谱，纷纷函索。兹特按周择优登载，以飨同好。"这是最早公开发表的《赛龙夺锦》曲。直至1955年，《赛龙夺锦》曲谱才由广东人民出版社正式出版。

三、阿炳《龙船》

还有一首经典的龙舟曲子，是阿炳遗留下来的。阿炳原名华彦钧，江苏无锡东亭小四房人，生于1893年（癸巳年）阴历七月初九，卒于1950年（庚寅年）12月4日（阴历十月二十五）。阿炳是无锡雷尊殿当家道士华清和的独生子。华清和号雪梅，是无锡东亭人，音乐才华佳，中国乐器样样都奏得不差，其中以琵琶为最精。阿炳从童年起，就从他父亲学习音乐技术，后来凡遇到他所喜欢的曲调，都竭力设法去学，结果，本地流行的乐器他几乎样样都会，而且都奏得相当好。阿炳的命运多舛，到中年双目失明，流落街头，以音乐为生。

《阿炳曲集》中详细地描述了《龙船》的录制过程。阿炳的音乐天赋之所以能被发现，缘于一个偶然的机会。据杨荫浏、黎松寿的追忆：1948年冬天，阿炳的邻居黎松寿在南京国立音乐院学习时，无意间拉起了阿炳在他回家的夜晚常拉的那首曲子，二胡名家储师竹教授听闻此曲，赶紧让黎松寿暂停，并询问曲子的名称和来源。黎松寿坦言这是一首无名曲，是老家一位街头艺人边走边拉的，他自己总说是瞎拉拉的。储师竹听完完整的曲子，激动地说："这是呕心沥血的杰作！绝不是瞎拉拉就能拉出来的！"当时在场的还有音乐院另一位教授杨荫浏，杨荫浏也是无锡人，十多岁时曾向阿炳学过琵琶，深知他的音乐才华，听了黎松寿对阿炳近况的介绍，储、杨二人都表示，要设法把阿炳的曲调全部记录整理，一旦失传将抱恨终生。当时，阿炳肺病发作，时常吐血，已长期在家休养，靠卖一些草药偏方和老伴董催弟孩子的接济，勉强糊口度日。曲谱终究记录不了高超的演奏技巧，他们更希望把阿炳的琴声录下来。

1950 年 6 月，中央音乐学院（国立音乐院迁往天津并改名）民族音乐研究室配发了一台进口的携带式钢丝录音机，杨荫浏等人立即联系录音事宜。1950 年 9 月 2 日晚上，阿炳带着借来的二胡和琵琶，来到了约定的录音现场，随着录音机的钢丝带缓缓转动起来，那首他琢磨多年修改多次，曾经每天晚上伴他回家的曲子，又一次被奏响了，并在当晚确定曲名"二泉映月"。那次，阿炳一共录了三首二胡曲：《二泉映月》《听松》和《寒春风曲》，以及三首琵琶曲：《大浪淘沙》《昭君出塞》和《龙船》。

11 月中旬，杨荫浏从天津来信说，中央音乐学院决定邀请阿炳前去举行二胡、琵琶独奏音乐会，但阿炳没能等到那一天。十几天后的 12 月 4 日，阿炳在那间破旧的小屋里去世，才华横溢、一身绝技的阿炳，带着遗憾离开了这个世界。随着阿炳的离去，他创作的两百多首曲子大量失传，幸运的是，他的音乐没有完全被湮没在人间。

杨荫浏早年和阿炳曾有过几次比较密切的接触，1911 年曾跟阿炳学习三弦和琵琶，1937 年、1947 年也因为音乐有过直接的接触。最后一次，是1950 年夏为阿炳录音之后，和他合奏一曲《三六》。杨荫浏《阿炳曲集》："那次，他在胡琴上拉出各种花腔的变化，要我用琵琶追着他的演奏进行。合奏完了，他感到十分的痛快，说：'可惜我们不大容易会面啊！'真的，我们的会面，以《三六》开始，也是以《三六》为结束，从那一次以后，我就不再看见他了！"

《龙船》原是民间所流行的一首琵琶曲调。在这首曲中，琵琶的弹奏，是模仿五月初五端午节民间赛龙舟时的锣鼓声与歌唱声。这曲的开头常是模仿锣鼓声；中间可以有好几段，每段可以有一段民歌或一段器乐曲调，各段之间，又可以夹进模仿锣鼓声的乐段。所夹民歌和器乐曲调的段数可多可少，所用曲调的种类也可以由弹者随时自由选择变换。依民间的习惯，常把曲中所包含的段数称作龙船的条数，譬如，分成四段，其中夹有四段民歌或器乐曲调的，便叫四条龙船。阿炳所奏的这首《龙船》，分四段，就是四条龙船。据阿炳自己所说，他这曲《龙船》中所用的四段曲调，是《下盘棋》等三首民歌和合奏曲《四合》中间的一段。若把流行的这些曲调和他在这曲中所弹的旋律相比，便可以看出，他对原来的曲调进行了修改，有些地方还加进了好几节的旋律；若把他模仿锣鼓声的弹法来和一般的弹法相比，又可以看出，他在每一段锣鼓的前后，在由旋律转入锣鼓，或由锣鼓转入旋律的所在，曾何等自由地、创造性地用他自己的乐句更有效地作为过渡与联络。

第二节　龙舟歌

一、龙舟歌简史

诗言志，歌咏言。"歌"既是诗的一种，又和诗不同，它与曲相和，可以将诗咏叹成为便于传播的曲子。龙舟歌的形式多样，有龙舟民歌、龙舟号子、龙舟调、龙舟歌谣、龙舟流行歌曲等，用以渲染龙舟活动的场景，抒发作者的感情，颂扬龙舟精神。

唐代张建封《竞渡歌》属于"诗"，是迄今遗存下来最早的"龙舟歌"："五月五日天晴明，杨花绕江啼晓莺。使君未出郡斋外，江上早闻齐和声。使君出时皆有准，马前已被红旗引。两岸罗衣破晕香，银钗照日如霜刃。鼓声三下红旗开，两龙跃出浮水来。棹影斡波飞万剑，鼓声劈浪鸣千雷。鼓声渐急标将近，两龙望标目如舜。坡上人呼霹雳惊，竿头彩挂虹霓晕。前船抢水已得标，后船失势空挥桡。疮眉血首争不定，输岸一朋心似烧。只将输赢分罚赏，两岸十舟五来往。须臾戏罢各东西，竞脱文身请书上。吾今细观竞渡儿，何殊当路权相持。不思得岸各休去，会到摧车折楫时。"诗中描写的竞渡场面十分精彩："鼓声三下红旗开，两龙跃出浮水来。棹影斡波飞万剑，鼓声劈浪鸣千雷。"到了冲刺阶段，场面更加热烈了："鼓声渐急标将近，两龙望标目如舜。坡上人呼霹雳惊，竿头彩挂虹霓晕。"望着即将靠近的终点锦标，两条龙舟上的健儿们眼睛闪出亮光，"目如舜"（传说舜有双瞳，所以眼睛特别明亮）。到了决胜的关头，坡上的观众发出了惊雷般的呼叫。胜负转眼间见分晓："前船抢水已得标，后船失势空挥桡。疮眉血首争不定，输岸一朋心似烧。"这是写输了一方的表现，眼看着别人夺了锦标，只好徒劳地挥动船桨向前划，郁闷得不得了。

龙舟歌在明代比较流行。有招魂而歌，"至今竞渡起歌声，听者如歌还似哭"。明邓雅撰《玉笥集》卷二《竞渡歌》："石榴花开燕新乳，蒲风拂面收残雨。江头竞渡鼓轰雷，千载遗风续荆楚。嗟哉三闾贤大夫，汨罗自溺胡为乎。怀王信谗薄忠义，清沟岂肯同污渠。宁甘一死葬鱼腹，万古湘潭深且绿。至今竞渡起歌声，听者如歌还似哭。喧呼两岸声沸天，不知胜负谁家船。锦标夺得唱邪许，尽说儿郎年胜年。"有闻歌而触景生情，"如今为客不知节，闻着歌声添客愁"。韩雍撰《襄毅文集》卷五《午日闻竞渡歌》："记得童年百不忧，每逢佳节盼嬉游。如今为客不知节，闻着歌声添客愁。"有得胜的凯歌，"贾勇争先谁肯待，壮士衔枚期奏凯"。孙承恩撰《文简集》卷二十《观竞渡歌》："城中千门悬艾虎，汨罗江头沸箫鼓。此时竞渡人聚观，蹑足骈肩似环堵。轻舟利楫江之湄，长风猎猎吹红旗。纠徒选侣分党与，一心各欲争神奇。击节扬枻竞争进，万楫齐飞不容瞬。岸傍观者为助呼，拔帜期谁先得俊。斡波擘水喷琼瑰，群龙跃出银山堆。儿郎棹歌声愈厉，阗阗鼓急喧如雷。贾勇争先谁肯待，壮士衔枚期奏凯。急惊夺得锦标呈，千人万人齐喝采。须臾竞罢各停舟，酬劳更复刲羊牛。龙舟出水倚屋舟，留取来岁还嬉游。嗟吁此曹真戏剧，快美傍观亦何益。莫言尔技真有神，江水无情不汝识。"

二、龙舟民歌

福建、广东、贵州、湖南、江苏、安徽等地的民歌中都有龙舟歌。各地地理、方言、人情、风俗的差异，特别是方言的纷繁复杂，使龙舟歌也显得特色各具，风格不一。但是，赛龙舟本身的性质和特点，又使龙舟歌在音乐上成了共有的特色。从旋律上划分，大致有几种类型：

（1）歌唱性的，其音程进行以级进为主，旋律线条流畅、曲调优美，节奏相对自由、宽广。

（2）小调式的，其音程进行虽以级进为主，但音型多环绕，旋律往往显得较为富丽、华彩。

（3）说唱性的，其较大特点是节奏较为规整，有板有眼，旋法上多见于同音反复。

（4）韵调式的，在语言基础上加以夸张，其节奏基本上与语言相一致，其音程进行虽也以级进为主，然而，其旋律线条则常依情感的需要而直线下降、上升，乐句与乐句之间，甚至半个乐句之间，常出现较大的起落。

（一）福建民歌

福建省各种民歌中对端午竞渡的描写不计其数，如漳州一首锦歌唱道："五月人划船，人划船，姐妹相招做一群，你穿衫来我绣裙，来到江边看龙船，船头打鼓闹纷纷，船尾撑船好郎君，撑船好郎君。"把端午竞渡的风俗、人情、场景刻画得淋漓尽致。闽南漳浦、云霄、诏安、东山等地至今还流传着"四月初一开鼓声，五月初一龙船行"，说明端午竞渡在福建历史悠久，流行普遍。端午竞渡产生了龙船歌，所谓"脚踏船中口唱歌"（福清市《龙船歌》歌词），"打鼓和歌水上游"（漳浦县《游船歌》歌词），"锣鼓一陈（响）闹纷纷，谁人有歌谁人无，鲁歌须着相共唱，莫待过节往蹉跎"（漳浦县《龙船歌》歌词），说明了竞渡中兴极而歌，是十分自然的事。

福建三明的《龙舟歌》，歌词内容从伐木造船起，唱到端午庆节、龙舟赛事，再到《三国演义》《封神榜》《西游记》故事等，不一而足，多达二百多段。歌唱时除了第一段和第二段必须先唱，之后的段落不一定要按顺序完整唱完。《龙舟歌》的歌词每句以七言为主，四句为一节（段），歌唱时每句都有停顿或过渡性虚词，最典型的句式是在唱每一段的第四句之前有一句"吭浪勾"（有的翻译为"灰郎哥"）的过渡语，一船人在划船时由唢呐起调，鼓手（指挥）先领唱一句，定词定调，之后全船的人合唱，有时船上还配有笛子。

龙船请尊王

新造龙船两面黄，
划到大庙请尊王！
请得尊王嘻嘻笑，
划船弟子保安康！

龙船班师回营

初出茅庐诸葛亮，
得胜头功美名扬。
曹操兵败走忙忙，
华容道上遇云长。

角

龙舟

DRAGON BOAT

中华才艺系列

（二）广东民歌

广东民间龙舟歌也非常出名，如南雄龙舟歌，流行于凌江、浈江两岸的荔迳、水西、水南、勋口、涌溪、河村、水口、溪塘、修仁、古市等沿河村庄。较古老的是水南《龙船歌》，有七个曲调，七言四句，内容有的祈求丰收，如"打起锣鼓唱起歌，龙船菩萨来保禾，耕田郎子唱两支，一年割出两年禾"；有的表现勇敢精神，如"新打龙船十八舱，扒起龙船出大江，龙船唔怕漂江水，灶落唔怕滚饭汤"；也有抒发爱情的，如"一朵红花透过墙，斜眉细眼来看郎，哥哥好比八角树，处处连妹处处香"；也有感慨世道不平的，如"五月初三又初四，家家余米做米糍，有钱人家手臂粽，无钱细妹磨浆糍"；还有祈祷驱除邪恶的，如"五月初五兴端阳，句句唤郎买雄黄，买了雄黄来透酒，透了淡酒对酒娘"。广东的龙舟歌有50多首，大都富有浓厚的生活气息。

又如大埔《龙船歌》，大埔县东南的溪背坪、黄沙一带，有五月端阳抬"三山国王"游龙舟时唱《龙船歌》的习俗。从农历五月初四开始，先把"三山国王"三尊神像——红脸膛的铁匠神、黑脸膛的耕夫神和白脸膛的教书先生神，从村外神宫抬到村内祠堂中，在鼓乐声中行祭祀，并由专人司唱传统的《龙船歌》，在袅袅香火中，一直进行到次日午后，才请三尊大神走驾游乡、游河、游龙舟。是时，一群壮汉抬着泥塑神像先行游乡一周，紧接着抬着神像跑步直奔河畔，司歌、司乐者紧随其后，继而登上龙舟。船上，擎凉伞的、司歌的、司乐的立于船首，三尊神像设座于船中央，侧旁有四人司旗、八人架桨，船尾一人掌舵，熙熙攘攘、歌乐不支。龙舟顺流疾驶，直至下游码头方起岸送神回宫。该活动旨在驱邪逐瘟、祈求太平。如《龙船歌》所唱：

　　　　　打起锣鼓铴咚铴，
　　　　　国王起驾出游乡。
　　　　　三位国王成龙主，
　　　　　游乡达境压灾殃。

龙舟歌的曲调风格也很独特，既不同于一般的民间小调，也有别于客家山歌，开唱时要用锣鼓起板作引，每唱一句都间奏锣鼓，既似唱大戏，又似道场中的呼龙喝道，高亢粗犷。总的来说，与广东汉乐、汉剧有些近似。

（三）贵州、湖南民歌

贵州苗族的《龙舟歌》："苗岭山青青，沐浴着阳光。清清江流水，翻腾着金浪。龙舟佳节啊，过得真舒畅。翠柳把手招，禾苗点头笑。龙舟节过后，应该把心收。种田得丰收，年年都欢笑。"

湖南华容民间流传的两首龙舟歌，《东乡龙船歌》："东乡所管墨山铺，天嘴港，茅屋铺，悠悠走到岳州府，抬头观看景市山，三山六水一分田，九分闻人一分肩，天地不均平。"《南乡龙船歌》："南乡管齐注滋口，明山头，得一走，寄山、连台、布袋口，洞庭王爷抬口查（华容方言，张开），七十二个流水汊，上下的客船叫菩萨，八百里洞庭到长沙。"华容人下水划船时以"吆尔嗬"应之，有各种歌，歌由善唱人领之，亦是船歌，每句唱时杂以"吆尔嗬"。

（四）江苏民歌

江苏民间龙舟歌也比较丰富，保留完整。高邮《划龙船》（钟仁淑记谱）：

根根听哼听了一根哼上江嘛龙船，
下江嘛淮河，
二淮河的个细妹子慢慢划龙船，
七格弄冬仓，
二淮河的个细妹子慢慢划龙船。
（众）划些划些，
划些划些，
划些划些，
划！划！划！划！
根根听哼听了一根哼上江嘛龙船，
下江嘛淮河，
二淮河的个细妹子慢慢划龙船，
八格弄冬仓，
二淮河的个细妹子慢慢划龙船。
（众）划些划些，
划些划些，
划些划些，
划！划！划！划！

舟 龙舟

中华才艺系列 DRAGON BOAT

苏南《划龙船》：

> （领）拨开仔格船头摆开仔格梢哎，
>
> 嘿嘿嘿咿呀嘿，
>
> 划起仔龙船唱山仔格歌耶哎嘿，
>
> （合）溜溜溜溜采嘿，
>
> 划龙船，
>
> 溜溜溜溜采，
>
> 溜溜溜溜来咿呀嘿，
>
> 划龙船哎哎嘿。

此外，江苏还有大量的龙舟歌，如高淳《赛舟》，丹阳《五月龙舟》，昆山、常熟《划龙船》，等等，都是民间音乐的代表作。

（五）龙舟号子

龙舟号子是一种特殊的民间风俗歌，具有鲜明的地方特色，一般是在划龙舟的时候才唱。龙舟号子作为一种特殊的集体民歌性质的音乐形式，与一般山歌、号子有较大的区别。在龙舟竞赛活动的娱乐性影响下，龙舟号子具有比一般山歌、号子更突出的音乐性和表演艺术性，是我国民族音乐文化不可多得的精髓。那高亢的号子声，那悦耳动听的龙舟调，令桡手精神抖擞，意气风发。龙舟号子的曲调简洁明快、平直有力，大都具有昂扬向上、刚劲豪迈的劳动气质。其艺术表现较为直接、粗犷、简朴，音乐形式毫无修饰，感情表达自然纯真。龙舟号子的词，有相沿已久的传统内容，但一般是喊号子人即兴而作。湖南汨罗江《划龙舟号子》，就是固定的词："杉木船子溜溜尖，龙舟划向前，三闾大夫是屈原，投江在今天，我和你来划龙船。河里捞屈原，粽子撒向深水渊，捞了两千年。"龙舟号子的演唱，一人喊，众人和。在这种形式中，"领唱"部分往往是陈述歌词的主要内容，其音乐比较灵活自由，旋律上扬，具有呼唤、号召的特点。"和唱"基本是完全重复或部分重复歌词，或者完全用衬词演唱。一般分为由领唱在前演唱一句歌词，和唱在后以虚词简短呼应的"领唱与和唱交替呼应式"，以及龙舟竞赛情绪紧张激烈时，领唱、和唱形成一系列紧密短句的"领唱与和唱密接式"。比如湖北的龙舟号子，按照龙舟调式行腔落板的高声喊唱，其调式大体可分为以下三种类型。

（1）游唱型：其唱法稳健、舒展有力，大意："一叶叶划，一叶叶划，划一船呐，龙彩划……"每段尾上的一个"划"字，是所有在船人员合唱的，尔后并由锣鼓合奏一段过门："咚呛，咚呛，咚呛咙通呛咚，呛格咙咚呛"，（重复）"划一船呐，龙彩划……"

（2）潮挠型："潮齐，潮齐，划一船，龙彩划！"在潮挠过程中"龙彩划"三字所有在船人员都要唱，不仅可以提振士气，更重要的是统一速度。

（3）夺标型：头桨下水时领喊："划！划！呵啰啰划！"锣鼓发生单音直至到达标台为止。

有一些号子，词和谱被记录下来，就有相对固定的唱法了。如江西贵溪的《划起龙船走信江》：

> （领）唉！新打（那个）龙（噢）船好哇好排场呐，
> （合）哎嗦嗦，嗦哎嗦，嗦喔哎嗦，
> （领）划起（那个）龙（噢）船走（啊）信江，
> （合）啊，洋格嗦啊喔啊。
> （领）唉！十八（那个）好（哇）汉真呐真威风啊，
> （合）哎嗦嗦，嗦哎嗦，嗦喔哎嗦，
> （领）不怕（那个）当（啊）头千（哪）重浪，
> （合）啊，洋格嗦啊喔啊。

江西南丰的《夺得红旗挂龙角》（李腾芳、张昌龙记谱）：

> （领）端午（嘞是）佳节（也），家家（嘞是）乐（嘞），
> （众）划里罗个划呀，着力划呀着力划呀，划里罗个嘿哟。
> （领）龙船（嘞是）竞赛（也），闹江（也是）河（嘞）。
> （众）常年（哟）来（哟嗬是）齐家来（哟）。
> （领）你追（嘞是）我赶（也），齐家（嘞是）先（嘞），
> （众）划里罗个划呀，着力划呀着力划呀，划里罗个嘿哟。
> （领）夺得（嘞是）红旗（也），挂龙（也是）角（嘞）。
> （众）常年（哟）来（哟嗬是）齐家来（哟）。

江西南城的《新打龙船下水号子》（张火生演唱，质彬、晓浪记谱）：

天气暖和又呀顺风，
新打龙船在呀港中，
新打龙船在呀港中啰嘿。

江西宜黄的《划龙船号子》（何六生演唱，质彬记谱）：

唱起（哟）号子（吧），
划超（哟）来（哟），
大家（吧）齐心（哪）协力（哟嗬划）。

四川的《龙舟号子》：

哟荷喂吧嗒吧，
（领）嗒吧咗喂，
（合）再来的吧一首喂，
（领）荷咗花儿红，
（合）加一把油哇嘿。

（六）龙舟调

　　如今影响较大的龙舟调，要算是湖北利川的《龙船调》了。它原本是土家族灯会时演唱的，所以叫"灯调"；原先歌词内容多是反映种瓜的，所以又叫《种瓜调》《瓜子仁调》。它原以采莲船为道具，演唱形式是男女分别领唱，一唱一答，一唱众和。演唱时，女坐旱船（采莲船），男扮艄公，一般由二

采莲船

男一女演唱，载歌载舞，诙谐活泼。《龙船调》是20世纪50年代初湖北省民间采风发掘的一首佳作。1955年夏，时任利川县文化馆馆长的李兆普，带领郭寿、黄烈威和周述清以及音乐学院的三位实习生到基层采风，柏杨农村俱乐部主任丁鸿儒信口唱起《种瓜调》，引起很多人的注意，后经周述清记谱，黄烈威作舞台台步场记与变奏节拍演出，郭寿修词改句，各按分工的职责合成三位一体（音乐、戏剧、创作），定名"龙船舞"。1956年2月，《龙船舞》在恩施专区第一届民间歌舞文艺会演上演出，被评为优秀节目。以后，吸收群众意见，取消舞蹈，只唱歌曲，正式定名"龙船调"。1957年3月，汪营农民歌手王国盛、张顺堂代表利川赴北京参加第二届全国民间音乐舞蹈比赛，在比赛中他们演唱了《龙船调》，深受观众欢迎。此后，《龙船调》搬上了全国大众文艺舞台，在20世纪80年代被录入《中国民歌四十首大联唱》，还被评为十五首优秀民歌之一。1986年，据联合国教科文组织调查统计，《龙船调》是全世界流传地域最广的十首民歌之一。1991年10月，联合国教科文组织又把《龙船调》作为全世界二十五首优秀民歌之一向全世界公布。2004年1月，著名歌唱家宋祖英在维也纳新春音乐会上，以一曲优美的《龙船调》，轰动了世界音乐殿堂维也纳，使《龙船调》成为世人皆知的土家族音乐形象。

实景剧《龙船调》剧照

龙船调

正月是新年（哪咿哟喂）！

妹娃子去拜年（哪喂）！

金哪银儿梭银哪银儿梭！

阳雀叫（哇咿呀喂子哟，哪个咿呀喂子哟）！

（女白）妹娃要过河哇，哪个来推我嘛？

（男白）我就来推你嘛！

艄公你把舵扳哪！

妹娃（儿）请上（啊）船！

（哪个喂呀唑，哪个喂呀唑）！

把妹娃推过河哟喂！

二月里是春分（哪咿哟喂）！

妹娃（儿）去探亲（哪喂）！

金哪银儿梭银哪银儿梭！

阳雀叫（哇咿呀喂子哟，哪个咿呀喂子哟）！

（女白）妹娃要过河哇，哪个来推我嘛？

（男白）还是我来推你嘛！

艄公你把舵扳哪！

妹娃（儿）请上（啊）船！

（哪个喂呀唑，哪个喂呀唑）！

把妹娃推过河哟喂！

三月里是清明（哪咿呦喂）！

妹娃我去探亲（哪呵喂）！

金哪银儿梭银哪银儿梭！

阳雀叫（咿呀喂子哟）！

（女白）妹娃要过河哇，哪个来推我嘛？

（男白）还是我来推你嘛！

艄公你把舵扳哪！

妹娃（子）我上了船，

（啊喂呀唑啊喂呀唑）！

将阿妹推过河（哟呵喂）！

《龙船调》通过幺妹拜年、艄公送行的表述和踏青、搭船、过河等生活细节的描写，表现了土家族青年对生活的热爱和对纯真爱情的追求，具有浓郁的民族和地方特色。歌词分主歌和副歌，主歌部分表现土家族男女之爱，副歌部分则重点烘托活泼、诙谐的气氛。歌词质朴通俗，朗朗上口，唱白夹杂，衬词很多，有着浓厚的诙谐幽默的特点。《龙船调》的音乐新颖别致，简洁明快。主歌部分简明流畅，旋律委婉甜美，副歌部分节奏感强，近似说唱。

其他如罗曼记谱的阜宁沟墩《龙船调》，是保存较早的一首传统调子：

> 小小啊龙船啊，
> 到啊江啊东啊，
> 装上嘛一船韭菜装上嘛一船葱啊，
> 顺带嘛一船外国格种啊，
> 哎哟喂子哟，
> 顺带嘛一船外国格种啊。

三、龙舟歌谣

歌谣以押韵为主要特征，以端午或龙舟为特色的民俗歌谣遍布各地。

（一）广州端午民谣

凼凼转

凼凼转，菊花园，炒米饼，糯米团。阿妈叫我睇龙船，我唔睇，睇鸡仔，鸡仔大，捉去卖，卖得几多钱？卖得十文钱，五文俾阿爷买酒，五文俾阿爹买烟。

龙舟鼓

红娘喊，荔枝红，龙舟鼓，响咚咚，家家包裹粽，凭吊屈原公。

龙舟舟

龙舟舟，出街游，姐妹行埋莫打斗，封封利市责船头，龙头龙尾添福寿。

扒龙船

扒扒扒，扒龙船，龙船嘐嘐嘴，大家都好彩，龙船摆摆尾，浸死大肚鬼。

龙船歌

龙船扒得快，今年好世界，游龙飞舞似彩带，你快我也快，我快你更快，争饮农业丰收酒，莲花杯哩拿金牌。

龙船扒得快，今年好世界，人人争做革新派，我快你又快，你快我更快，富裕大路放心走，家乡建设哩巧安排。

龙船，龙船，龙船扒得快，今年好世界，好世界，好世界，真系好世界。

（二）潮汕端午民谣（潮州音）

耙龙船

红姑纯（蝉），叫匀匀，五月节，耙龙船，耙对阿兄门脚过，阿兄插红花，阿嫂戴金过（冠），金过达达赤，阿嫂嫁后壁，后壁臭火熏，阿嫂嫁莲墩，莲墩臭狗屎，阿嫂嫁澄海，澄海无绿豆，阿嫂嫁给凿，凿爱掠去刣（杀），阿嫂嫁给老秀才，老秀才，爱中举，阿嫂嫁给白老鼠，白老鼠，掘入空（洞）。三钵粥，四钵饭，食到乃空空。

红姑纯（蝉），叫匀匀，五月节，耙（pe）龙船，耙对阿兄门脚过，阿兄插红花，阿嫂戴金过（冠），金过达达赤，阿嫂嫁后壁，后壁臭火熏，阿嫂嫁莲墩，莲墩臭狗屎，阿嫂嫁澄海，澄海无绿豆，阿嫂嫁给凿，凿爱掠去刣（杀），阿嫂嫁给老秀才，老秀才，爱中举，阿嫂嫁给白老鼠，白老鼠，掘入空（洞）。三钵粥，四钵饭，食到乃空空。

耙龙船

（三）泉州端午民谣

采莲船

五月初五扒龙船，兄弟相招去搁船，
阿兄托竹篙，小弟要摇橹，
摇啊到海墘，听见锣鼓闹呛呛，
都是龙船嘞过江，
船头嘞拍锣，船尾佫装人。

五月初五爬龙船

五月初五爬龙船，岸顶众人哗哗滚。
水边停着四只船，船中选手一大群。
比赛开始啡仔盆，桨起桨落水花喷。
打锣打鼓做后盾，齐心协力争冠军。

四、龙舟流行歌曲

（一）施光南作曲、任志萍作词的《龙舟竞渡》

现代影响较大的龙舟歌曲，要数 20 世纪 80 年代施光南作曲、任志萍作词的《龙舟竞渡》。施光南创作此曲的过人之处在于对意境的渲染，龙舟竞渡时的豪放、雄浑，是留在听众心中的印象，这种意境的塑造，借助对环境、气氛的描绘，使听众受到感染。《龙舟竞渡》的引子着力刻画"境"，用浓重的笔触强调了歌曲的环境感：远处的锣鼓声不时打断了歌声，时隐时现，已绘出一幅大江两岸人群蜂拥的壮阔图画，但这还是远处的背景。随着"鼓声稠"的召唤式音调，近处的锣鼓也敲起来了，汇成一股强大的声浪。紧接着，音乐描绘了龙舟竞发的场面：从快一倍节奏的过门起，就已进入竞赛船只出发的热烈场景，过门中是整齐的划桨动作，就像是铿锵有力的喊号声。其后借鉴了戏曲的"紧打慢唱"手法，异峰突起地响起了独唱者高亢的歌声"赛龙舟"。这一气息宽广的乐段用上了全曲的最高音，演员用民歌高腔那种真假结合的唱法，渲染了激动人心的竞赛热潮。这个引子里运用音乐来造型，有声、有画、有景、有情，音乐一响

舟 龙舟

中华才艺系列 DRAGON BOAT

起，就把人带进赛龙舟的场景中去了，听着那激越的歌声和强烈的锣鼓声，听众都坐不住了。这可以说是音乐创造意境的威力。

　　《龙舟竞渡》出现的是锣鼓声、号子声等听觉形象，因其对气势的刻画有身临其境感，使听众眼前似乎出现了宽阔的河面、浩荡的船队、拥挤的人群等具体场景，形成了经联想而幻化的视觉形象，丰富了听众的内心感受，加深了对乐曲的理解。任志萍所作的词，也异常准确地表达了施光南的意图。

龙舟竞渡

任志萍　词
施光南　曲

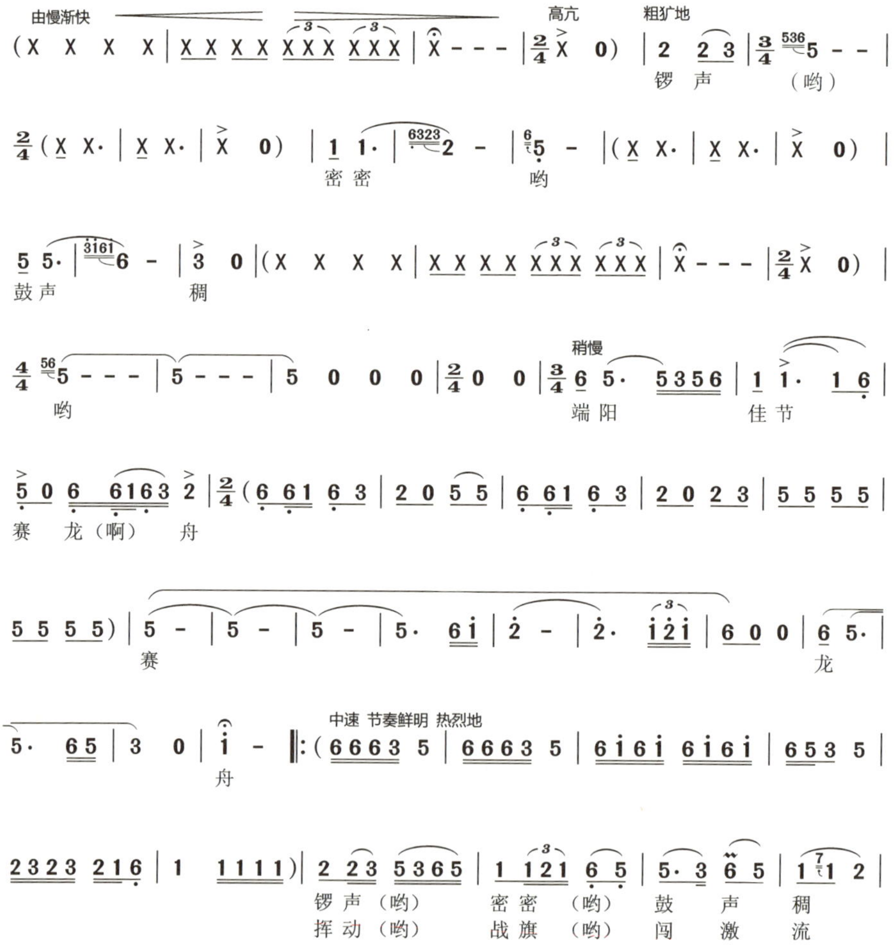

第三章 龙舟的文化艺术

鼓声稠，端阳赛龙舟，嘿！端阳赛龙舟。
闯激流，同心争上游，嘿！争呀么争上游。

粗胳膊的小伙显身手，哟啰哟啰嗬
十七八的青年赛猛虎，哟啰哟啰嗬

大嗓门的姑娘喊加油，哟啰哟啰嗬嗬桨作蛟龙腿呀，
拼搏正是好时候，哟啰哟啰嗬嗬胜也不摆尾呀，

旗是那蛟龙头，江上搏来浪里斗，不夺头名不罢休
败也不低头，汨罗江上五月五，你追我赶赛龙舟，

不夺头名不（哇）罢休哇！
你追我赶赛（呀）龙舟哇！

哟啰啰哟啰哟啰不呀么不罢休！哟啰啰喂喂啰哟
哟啰啰哟啰哟啰赛呀么赛龙舟！

越来越快
哟啰啰喂喂依啰哟哟啰嗬哟啰嗬哟啰嗬你追我赶，

我追你赶，加油！加油！加油！加油！加油！加油！加油！加油！

突慢　　突快
赛呀么赛龙舟。

嘿！

龙舟竞渡

锣声（哟），

密密哟，

鼓声稠哟，

端阳佳节赛龙（啊）舟，

赛龙舟。

锣声（哟）密密（哟），鼓声稠，鼓声稠，

端阳赛龙舟，嘿！端阳赛龙舟。

粗胳膊的小伙显身手，哟啰哟啰嗬！

大嗓门的姑娘喊加油，哟啰哟啰嗬嗬！

桨作蛟龙腿呀，旗是那蛟龙头，

江上搏来浪里斗，

不夺头名不罢休，

不夺头名不哇罢休哇！

哟啰哟啰哟啰哟啰，

不呀么不罢休！

挥动（哟）战旗（哟），闯激流，闯激流，

同心争上游，嘿！争呀么争上游。

十七八的青年赛猛虎，哟啰哟啰嗬！

拼搏正是好时候，哟啰哟啰嗬嗬！

胜也不摆尾呀，败也不低头。

汨罗江上五月五，

你追我赶赛龙舟，

你追我赶赛呀龙舟哇！

哟啰哟啰哟啰哟啰，

赛呀么赛龙舟！

哟啰啰喂喂啰哟，

哟啰啰喂喂依啰哟，

哟啰嗬哟啰嗬哟啰嗬哟啰嗬。

你追我赶，我追你赶，

加油！加油！加油！加油！

加油！加油！加油！加油！

赛呀么赛龙舟。嘿！

歌曲一开始，歌唱者用高亢的音调喊出"锣声（哟）"，似乎表达的是龙舟即将开始的场景，营造出龙舟竞渡的火热气氛。进入乐曲的第二部分，节奏变为鲜明热烈，龙舟竞渡开始，"桨作蛟龙腿呀，旗是那蛟龙头"，船上的小伙显身手，岸上的姑娘喊加油，仿佛那热闹激烈、群情鼎沸的场面映入眼帘。第三部分表现比赛处于一种胶着的状态，"挥动（哟）战旗（哟），闯激流"，拼搏正是好时候。最后是接近终点，"你追我赶，我追你赶，加油！加油！加油！加油！"连续不断的加油呐喊声响彻云霄，在空中回荡，直至胜负已决！乐曲就在这种竞相追逐的火爆场面中结束，听众有如亲临其境，跃跃欲试。

（二）童达琴作曲、柏康作词的《五月龙船景》

广东东莞素有"龙舟之乡"的美誉，麻涌镇也利用龙舟歌的形式，推出由东山少爷演唱的《五月龙船景》歌曲。鲜活灵动的歌词，欢快激昂的旋律，让人仿佛置身于万人空巷、百舸争流的五月麻涌龙船景中。用歌声唱响水乡，突显"龙舟精神就是麻涌精神"的主旋律。

五月龙船景

粽熟挂满篱，柳叶掩门楣；
叔伯龙船游来村，粉蓝一水紫花抱。
浪里翻飞，擂鼓声声震天响；
浪里翻飞，东江里似是龙摆尾。
五月龙船景，夹岸赏龙忙；
鞭炮霹雳人鼎沸，街市响动冲云霄。
五月龙船景，鼓号千雷鸣；
万桨劈浪舟舸飞，龙衔树叶人抖擞。
披红戴花绕村游，烧猪早摆船上头，
各位街坊来攀谈，欢欣愉快迎龙舟。
浪里翻飞，擂鼓声声震天响；
浪里翻飞，东江里似是龙摆尾。
五月龙船景，夹岸赏龙忙；
鞭炮霹雳人鼎沸，街市响动冲云霄。
五月龙船景，鼓号千雷鸣；
万桨劈浪舟舸飞，龙衔树叶人抖擞。

榕树埠头人涌涌，高声呼喊齐助威；

游人寻问龙船饭，虾米鱿鱼腊味香。

阿嫂村边忙煮饭，阿哥大只扒龙舟。

阿公追着孙子哎，今年摞头彩，

跳头人手指向前方，企盼丰年再起航！

浪里翻飞，擂鼓声声震天响；

浪里翻飞，东江里似是龙摆尾。

五月龙船景，夹岸赏龙忙；

鞭炮霹雳人鼎沸，街市响动冲云霄。

五月龙船景，鼓号千雷鸣；

万桨劈浪舟舸飞，龙衔树叶人抖擞。

　　一方水土养一方人，一方水土有一方的文化。若问东莞麻涌人最喜欢什么运动，当地人会异口同声说：扒龙舟。歌词的作者柏康先生谈到《五月龙船景》所要表达的意境：一是麻涌是水的国度。麻涌，意为密密麻麻的河涌。这里有江，有河，有涌，有凼。水孕育了一切，所以这里是个鱼米之乡。这里的人有情怀，喜欢音乐。即便二胡、扬琴等乐器，也被这里的人演奏得好像更悠扬一些。二是麻涌有纯朴的村风。"粽熟挂满篱，柳叶掩门楣；叔伯龙船游来村，粉蓝一水紫花抱。"每当五月端阳前后，麻涌各村次第会有各自的龙船景。在龙船景日，村里一派欢腾，全家老少齐上阵，将家里蒸好的肉粽拿出来与客人分享；妇女在村边煮龙船饭，青壮年在张罗着扒龙舟；上年纪的人在招呼世叔村来趁景的龙舟。龙衔绿叶，头披红花，烧猪横陈。不管船上的桡手还是岸上的看客，都跟着锣鼓、号哨有节奏地喊叫。那些外来趁景的龙舟聚集在河湾里等待慰问的时候，岸上的翠芦莉遍开的紫花倒映在河水里形成了一湾粉蓝色河水与红黄色相间的龙舟相抱偎的美丽景象，也从一个侧面解说了东莞市委市政府水乡战略的成功。等龙舟绕村巡游结束，不管是认识的还是不认识的，大家会共享美味的龙船饭。三是麻涌人具备激情与干劲。"鼓号千雷鸣""万桨劈浪舟舸飞""鞭炮霹雳人鼎沸"，这是活生生的麻涌赛龙夺锦的写照。农历五月十六日，是麻涌镇龙舟竞渡的大日子。这一天从早到晚，鞭炮声、锣鼓声、欢呼声响彻麻涌河两岸。代表各村的龙舟精神抖擞，随着一次次的放头，千百声的鼓响，万千次的挥桨，龙舟如飞似箭，射向终点。游客置身其中，看得血脉贲张，如痴如醉，俨然一幅新时代的清明上河图。

第三节　龙舟说唱

"龙舟鼓，响叮咚。今日我扒龙趁景，来到顺德乐从。你睇人潮如海，鼓声雷动，真系人逢喜事，生意兴隆。咚咚哨……"每逢喜庆日子，在珠江三角洲地区经常可以碰到有人穿街过巷在咏唱。在曲艺体裁中采用粤语方言的"龙舟说唱"，是一种很有特色的艺术形式，在民间又称"唱龙舟"或简称"龙舟"，是流行于广东珠江三角洲地区的一种曲艺形式。

珠江三角洲是龙舟之乡，而且还是"龙舟说唱"之乡。龙舟本是端午节期间比赛用艇的名称，民间艺人、曲艺作者用龙舟的名称编成合韵律的民歌配上锣鼓点进行演唱，后来演变成曲艺、粤剧的一种"曲牌"，它与"南音""粤讴""木鱼""板眼"等成为带有浓郁乡土味、易编易唱易懂的为群众喜闻乐见的文艺演唱形式。其表演形式为一人或二人自击小锣或小鼓作间歇伴奏吟唱，声腔短促，高昂跌宕，诙谐有趣，富有宣泄效果。表演时艺人常手持一根上端架有精致木雕小龙船的长棍为标识，胸前挂一副特有的小锣小鼓敲击节拍和唱，小龙舟配有龙头、龙尾、划舟人、锣鼓手、小罗伞，俨然真龙舟一般。表演时，先讲一番吉祥话，然后敲响龙舟锣鼓，再说几句恭维祝颂的"龙舟词"，然后边唱边拉线，木偶人挥动桡撑，栩栩如生。龙舟说唱有四件宝，第一宝是服装，就是民族装，第二宝是龙舟锣，第三宝是龙舟鼓，第四宝是龙舟棒。打龙舟鼓的时候，第一种是打鼓边，第二种是打鼓心，第三种是打锣边，第四种是打锣心，第五种是把锣心和鼓心一起打。例如"卜卜卜锵，卜卜卜锵"，这样就是开场：龙舟呀唱，锣鼓响叮当，民间文艺，再创辉煌（卜卜卜锵，卜卜卜锵……）。说唱内容丰富，从神话故事、民间故事到时事新闻，几乎无所不包。龙舟说唱中蕴含着大量的民俗信息，影响所及，连粤剧也吸收其唱腔为演唱的重要曲牌，曲牌的名字就叫"龙舟歌"或"龙舟"。但是，龙舟说唱只是借用小龙舟模型为道具，实际上与赛龙舟没有直接的联系。

龙舟说唱最大的特点是即兴演唱、简短通俗、朗朗上口，创作的内容可分为：自遣的；滑稽的；讽刺的；小说故事的；含教训意义的（勤世的、自叹的、忏悔的）。

龙舟说唱有三种基本的表达形式：①用韵：每段转韵或每次对答转韵；②体裁：一是对答的，二是直叙的；③句法：本来一律七言，也可十几个字一句，并不整齐，但超出七言的字都用小的字体印出来，唱时仍照七言，多出来的字（即小字）唱时每字只占半拍。

（一）龙舟舞台剧

由吴家耀编剧的现代龙舟舞台剧《红鸡蛋》，讲述了一个品德教育的故事。剧中人物有三个：龙舟说唱艺人（手持龙舟，手敲小锣小鼓），盲大嫂（一手持导盲杖，一手提装有茶叶蛋的竹筐）和红领巾小学生明仔。盲大嫂把一个不诚实的孩子错认为是帮助过她的"红领巾"。因嘴馋贪吃而骗了盲大嫂一个鸡蛋的孩子，在盲大嫂对助人为乐的好孩子的赞扬中，深受良心和道德的谴责而羞愧万分，从而幡然悔悟。

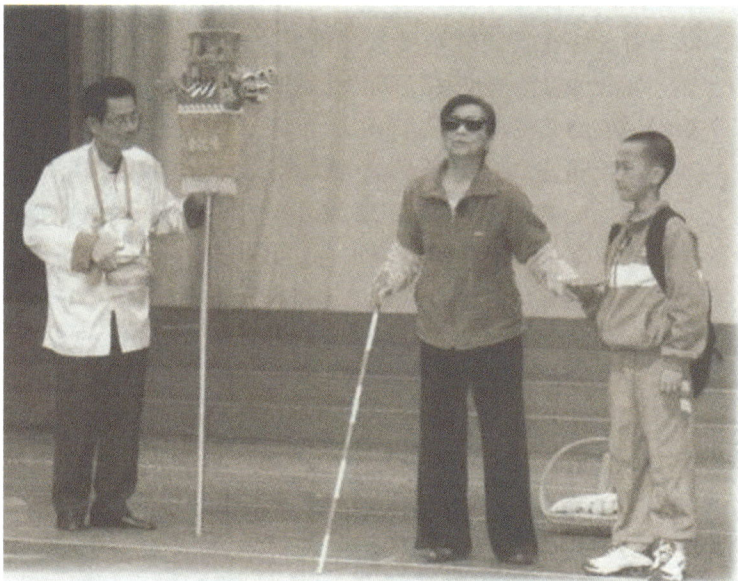

《红鸡蛋》剧照

（二）救国、抗战的龙舟歌

在日寇侵华，广州、佛山沦陷前夕，有的龙舟艺人自编自唱抗日救亡龙舟歌，宣传抗日、鼓舞抗日斗志，后来许多龙舟艺人都成了爱国艺人。民国时期的一些旧刊，如1931年的《前进》、1948年的《正报》，都曾发表粤语方言龙舟歌，以下摘录部分内容以供欣赏。

龙舟歌（赖寿山）

同爱国，总要齐心。我长歌代哭，倍觉伤神。颈渴喉干，停住一阵。暂把救国歌谣，唱一匀，惟望我地同胞，齐发奋，宗旨坚持，打醒主意造人，中华国弱，如斯甚。只望同胞挽救，至有得番生。国家兴亡，匹夫有责任。（后段略）

抗日龙舟（麦学创）

（前段略）若果个个同心抱国民职责尽。不买仇货日本就会饿死人。个阵我船坚炮利同埋佢战番一阵。我堂堂中国未必被矮仔来并吞。龙舟唱罢，万望同胞须记紧，须记紧。实行经济绝交。振起救国精神。

龙舟鼓（民声）

龙舟鼓，打到喧天。睇你满头臭汗，几咁可人怜。做乜你唔把呢种精神，走向民族个便。可惜你把聪明误用，真系有口难言。你睇人地击鼓用兵，和共世界，总要拿定主意为先。你既系肯做到木偶奴才，醒极都无乜表见。大抵奴根深重，恐怕事事皆然。动君你索性振起精神，行吓呢件。为我同胞争气，驱逐个的异种腥膻。但得我地个齐心，怕乜人将我作贱。须自勉。咪咁撩人厌。快把心肠换转咯，唔好话俗例相沿。

齐来反包工（龙舟）（佚名）

（中段）我地出卖血汗谋生，还要向佢进买。佢食我地工人嘅血汗，做只木虱虫。一旦包到工程，包工头嘅荷包就肿，要你先行送礼，把路打通；要你热性一番当佢老豆噉嚟供奉；倘唔醒目，佢就诈作耳聋。等到签字开工，佢又出第二杠：要你上期磅水买份牛工；仲要九五扣除，名为馆佣，话系从来惯例，你地一律要遵从。每月嘅粮银，唔到你完全收用，其中一半，落到佢手中；生死大口，由佢操账，呢种包工制度，造出黑幕重重！我地扯份人工唔够家用，捱完国难又系裤穿窿，够俾屋租唔够买餸，周之无日，弄到满面愁容。

清啉呱《唱龙舟》

（三）瑞昌船鼓

在江西也有一个戏曲剧种，叫作"瑞昌船鼓"，又称"龙船鼓"。其形式类似龙舟说唱，原为每逢端午节湖滨地区龙舟竞渡时的歌唱，称为"龙船段"，清乾隆时已颇流行，后来渐发展为求乞讨彩的歌唱。一人站唱，演唱者站在三尺高的木凳上，木凳装有高一尺、长四尺许的龙舟，舟头系一单面鼓和小马锣，作为伴奏乐。表演时，以唱为主，以说为辅。唱词以五、七、十言为主，唱调有曲头、曲尾、正曲三类。现在乐器除鼓锣外，还有高胡、笛子、琵琶等。传统曲目多为小段，有《闹端阳》《花朝歌》《拜新春》《观音送子》《天官赐福》《王母上寿》等。

第四节　龙舟电影、文学和邮票

一、龙舟题材的电影

《赛龙夺锦》是一部以珠江三角洲地区赛龙舟为题材的电影，王亨里导演，耿乐、梅婷、王晓娟、韩炳杰主演，伴随着委婉优美的咸水歌，一幅幅美如彩墨的画面，将人们带入了当代美丽富饶充满民俗风情的珠江三角洲乡村：激越高亢的龙舟锣鼓，衬托着船手肌肉隆起、江上千桨翻飞的特写画面，让人分明感受到社会脉搏的跳动；现代化养猪场、鸵鸟场，农民新居的画面，配上轻快活泼、悦耳动听的流行歌曲，强烈的时代节奏，让人怦然心动。《赛龙夺锦》充分体现出当代广东农民的精神面貌，龙舟在艺术创作和情感传递上奏响了新的乐章。

主演韩炳杰在《艺海行舟　永无止境——〈赛龙夺锦〉中我演王伯》中谈到"起龙舟"这场戏的细节："王伯是龙头，指挥全体船手，导演安排我在岸边指挥，要指挥百十个船手，站在距离船手几十米外的岸上指挥，哪能有力量？我建议导演让王伯下水指挥，导演同意后，在拍完庄严神圣的祭拜龙头后，我脱去了上衣，赤膊跳入河中，站在泥中指挥船手们起龙船，这场戏我用全身力量，不断挥动双臂高喊口号：'起龙了！'80名壮汉举起30米长的龙舟，在号子声中推到河心，这是赛龙夺锦的第一个高潮。当导演喊：'停！'我似乎成了真的龙头，船手们拥向我，高喊：'起龙了！'当我们去河中洗身上污泥时，他们亲切地叫我'王伯'，叫我'王龙头'。我想，如果站在岸边指挥，无论镜头怎样调动，我［都］不会和船手们融为一体，那可能是在影片里我带着学生在黄河边大合唱的王老师了。"

二、龙舟题材的文学

历史上以龙舟竞渡为主题的文学作品不计其数，几乎涵盖所有文学体裁。脍炙人口，久经传诵。

诗：三言、五言、六言和七言，以七言最多，三言和六言尤为特别。

明代杨慎《升庵集》卷三十八《竞渡浪系三言》：

天中届，午节戾。雨不雨，霁不霁。扇凉飔，消暑气。江之永，水无际。桥横霓，树如荠。玉洼菖，锦林荔。竞龙舟，荡犀枻。殷雷鼓，浮云吹。泅齐出，瀺灂揭。霭乃倡，于芳继。幖争夺，蠡相掣。楚曼姬，巴姌妓。影照钗，沫溅袂。山凝紫，日映未。鳞霞穿，蟾钩缀。乐无荒，倦而憩。榜艛艘，泛容裔。瞿铄翁，尚儿戏。效琦玕，续浪系。

宋代王十朋《梅溪集》卷二十《提舶赠玉友六言诗，次韵以酬》：

竞渡争飞画舫，赐衣纷集丹墀。
举笔不忘规谏，玉堂谁进欧诗。

词：如宋代黄裳《演山集》卷三十一《减字木兰花·竞渡》，李昴英《文溪集》卷十八《水龙吟·观竞渡》；元代姚燧《牧庵集》卷三十五《浪淘沙·竞渡》；明代杨荣《文敏集》卷一《西江月》，王慎中《遵岩集》卷七《破阵子·观竞渡作》等。

歌：如宋代黄公绍《在轩集》《端午竞渡棹歌十首》；明代邓雅《玉笥集》卷二《竞渡歌》，孙承恩《文简集》卷二十《观竞渡歌》等。

曲：如元代许恕《北郭集》卷一《古竞渡曲》；明代《明诗综》卷五十侯一麟《竞渡曲》；清代厉鹗《樊榭山房续集》卷六《西湖竞渡曲四首》，朱鹤龄《愚庵小集》卷六《龙舟曲二曲》《中秋龙舟曲三首》等。

谣：如明代李东阳《怀麓堂集》卷九十一《竞渡谣》等。

赋：如宋代薛季宣《浪语集》卷一《怀骚赋·观竞渡而得屈原之所以死作》等。

辞：如明代石珤《熊峰集》卷二《竞渡辞》。

序：如唐代骆宾王《骆丞集》卷四《扬州看竞渡序》；元代蒲道源《闲居丛稿》卷二十《秋江竞渡诗序》等。

表：如唐代陈子昂的《陈拾遗集》卷三《为陈御史上奉和秋景观竞渡诗表》等。

引：如元代王恽《秋涧集》卷二十一《竞渡诗并引》等。

三、龙舟题材的邮票

世界上首套体育邮票是清代《龙舟竞渡图》商埠邮票。1895 年 8 月 1 日在福州正式发行，比希腊 1896 年为第一届现代奥林匹克运动会发行的一套 12 枚邮票还早一年。英国殖民者 1895 年 1 月 1 日成立福州书信馆，并公开征求邮票图案，选中了由西班牙人绵嘉义（J. Mencaini）设计的《龙舟竞渡图》。绵嘉义曾在福州海关工作多年，熟悉福州的风土人情，所以设计了有浓厚地方色彩的、以民间龙舟体育活动为素材的邮票图案。

《龙舟竞渡图》邮票在当时俗称《鼓山下闽江中划龙舟》邮票，邮票图远景中起伏的山峦就是鼓山，中景为江岸边林立的樯桅，那是马尾港码头前景，宽阔的江面是马尾港前闽江的马江一段。这里江面宽阔，水流平缓，是理想的赛龙舟水域。

这套《龙舟竞渡图》邮票的面值和相应颜色分别为：5 文（半仙）蓝色，1 仙绿色，2 仙枯黄，5

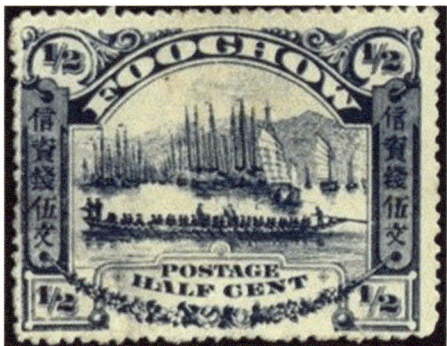

清代福州《龙舟竞渡图》邮票

仙浅蓝，6仙玫瑰红，10仙黄绿，15仙黄棕，20仙紫色，40仙红棕色。另有一种专供邮寄印刷品的包皮纸，上面印同样图案的邮资凭证，面值半仙，棕红色，共10种，总面值1元。而图案都是一样的：远景是起伏的山峦，中景是江岸边林立的墙桅，前景是宽阔的江面，江面上有一艘船手奋力划桨、破浪疾进的龙舟，气氛热烈，场面壮观。邮票上方拱形框内排列着英文：FOOCHOW（福州）。下方是英文面值，两侧框内直书中文面值。四角是阿拉伯数字的面值。票幅31.5毫米×28.5毫米。小小方寸，已深深地打上殖民主义烙印。邮票由英国伦敦华德路公司印刷，1895年8月1日在福州正式发行。《龙舟竞渡图》邮票，既记载了中国近代的屈辱历史，同时也反映了当时福州龙舟竞渡运动的盛行。方寸邮票既承载着沉重的历史沧桑，也放射出福州民俗文化的异彩光芒。

中华人民共和国成立后，多次发行过与龙舟竞渡有关的邮票。1958年中国邮政部发行"全国工业交通展览会"纪念邮票一套三枚，其中纪55（3-2）"力争上游"（作者孙鸿年）以人物和游龙为主体形象，虽然不是实体的龙舟，但还是具备龙舟飞腾的意蕴。

2001年6月25日（端午节），国家邮政局发行2001-10（端午节）邮票一套三枚，是第一套也是迄今唯一一套全面反映端午习俗的邮票。第一枚"赛龙舟"，以我国传统的木版年画构图，两条龙舟你追我赶，舟上插着"风调雨顺""国泰民安"的彩旗，一派吉祥气息；第二枚"包粽子"，图案是五颜六色的粽子；第三枚"避五毒"，图案是被古代人称为"五毒"的五种小动物——蛇、蝎、壁虎、蜈蚣、蜘蛛，色彩鲜艳，生动逼真。

我国港澳台地区的邮政机构也分别发行过多枚与端午节有关的邮票。台湾最早的端午节邮票应当是1966年6月23日（端午节）发行的民俗邮票一套三枚，首枚即为端午节"龙舟竞渡"图案。

香港于1975年7月31日发行了《香港节日》邮票，其中

1958年发行的纪55（3-2）"力争上游"

"端午节"一枚为七巧板拼图龙舟竞渡。

1987年5月29日（端午节），澳门发行了《端午节》邮票一套两枚，仍是以龙舟为表现题材，分别为"龙舟龙头"与"龙舟竞渡"。这也是澳门首套出现中文铭记的邮票。

2001－10（端午节）邮票

香港1975年发行的"端午节"邮票

澳门1987年发行的"龙舟龙头"邮票

澳门1987年发行的"龙舟竞渡"邮票

第四章　龙舟文化的保护

　　经济全球化带来的文化一体化，对我国非物质文化遗产的生存造成极大的冲击，端午习俗、龙舟文化也不能幸免，当务之急是要做好保护和传承工作。与龙舟文化息息相关的端午节，起源于中国，已经有 2 500 多年的历史，在长期的流传和国际交流中，它被中国周边的国家和民族吸纳和接受。2005 年，韩国"江陵端午祭"被联合国教科文组织正式确定为"人类口头和非物质遗产代表作"，成功申报"江陵端午节"，列入世界非物质遗产代表作名录，韩国把这个传统节日包装成了"世界品牌"。围绕着端午节申遗之争，保护和重视中国传统文化刻不容缓。从 2005 年至今，这在中国学术界和民间都产生了极大的震动，也由此开启了一系列"人类口头和非物质遗产"的保护工作。我国非常重视端午节习俗的保护，2006年 5 月国务院批准将其列入第一批国家级非物质文化遗产名录，其后又将端午节纳入国家法定节假日，2009 年 10 月又将其申报成为人类非物质文化遗产代表。诞生于农耕社会的龙舟文化，需要在深入发掘龙舟文化、传承民间文化艺术、继承有益人民身心健康的传统良风美俗的基础上，进行文化的启迪和传统的衔接，适时为节俗活动注入一些适合的当代元素，这样才能使端午节在"弘扬中华文化、建设中华民族共有精神家园"中发挥更加积极的作用。

　　2009 年中国"端午节"（The Dragon Boat Festival）被列入联合国非物质文化遗产名录。

　　2006 年第一批国家级非物质文化遗产名录中，包括广东省的"龙舟说唱"，文化部、湖北省、湖南省、江苏省的"端午节"（屈原故里端午习俗、西塞神舟会、汨罗江畔端午习俗、苏州端午习俗）。

2008 年第二批国家级非物质文化遗产名录，有广东省的"龙舟制作技艺"，贵州省的"苗族独木龙舟节"，湖北省的"屈原传说"；以及扩展项目：上海市、浙江省、福建省的"端午节"（罗店划龙船习俗、五常龙舟胜会、安海嗦啰嗹习俗）。

2011 年第三批新入选名录：湖南省沅陵县，广东省东莞市和贵州省铜仁市、镇远县的"赛龙舟"；还有扩展项目：黑龙江省黑河市、浙江省嘉兴市、浙江省杭州市西湖区、福建省石狮市、香港特别行政区的"端午节"（五大连池药泉会、嘉兴端午习俗、蒋村龙舟胜会、石狮端午闽台对渡习俗、大澳龙舟游涌）。

2014 年第四批扩展名录：湖北省鄂州市的"端午节"（泽林旱龙舟）。

第一节　第一批国家级非物质文化遗产名录

一、民俗：端午节

（一）端午节

申报地区或单位：文化部

端午节是中国的传统节日，又名端五、重午、蒲节，时在农历五月初五。端有"初"的意思，故称初五为端五。夏历（农历）的正月建寅，按地支顺序，五月恰好是午月，加上古人常把五日称作午日，因而端五又称重午。端午节传遍全国各地，主要分布于广大汉族地区，壮族、布依族、侗族、土家族、仡佬族等少数民族也过此节。

端午节的起源有许多传说，如纪念屈原投江、始于五月五日毒日的禁忌、源于越王勾践训练水师、纪念伍子胥投钱塘江和曹娥救父等。这些说法经过历代加工，与端午的民俗活动结合在一起，从而形成中华民族的一个节日。

（佚名）《钟馗降魔图》

端午节的主要活动有：①纪念历史人物；②划龙舟；③吃粽子；④各种防五毒习术（贴端午符剪纸、挂艾草菖蒲、佩戴香包等避邪物、兰汤沐浴）；⑤游戏，如玩斗草、击球、射柳等。与端午节相关的主要器具、制品有龙舟、粽子、五毒图、艾草、菖蒲、钟馗画、张天师画、屈原像等。

端午节起源于民间习俗，其中有不少活动都是健康向上的。随着社会的进步，端午节渐渐发展成为内容丰富的传统节日，有较强的生命力。端午节对研究民间习俗的发展有重大价值，由于它是多民族共享的节日且包含跨国习俗，因此对研究民族文化往来、国际文化交流、传统体育竞技、饮食文化等均有重要价值。

端午节的划龙舟、吃粽子习俗很好地保留下来，并获得健康发展。有鉴于此，端午节的其他文化表现形式应加以科学的引导，使人民群众的节日文化活动更为丰富。

（二）屈原故里端午习俗

申报地区或单位：湖北省宜昌市、秭归县

"五月五（农历），过端午。"端午节是中华民族的传统节日。《续齐谐记》《荆楚岁时记》载，魏晋南北朝后端午节便与纪念屈原结合起来。唐元和十五年（820），归州刺史王茂元在屈原故里秭归屈原沱建屈原祠并写下祭文，众乡亲与各色龙舟汇集于此，作为起点，进行龙舟竞渡，形成了屈原故里端午习俗的鲜明特色。这种习俗在屈原故里延续至今，形成一种传统。

屈原故里端午习俗隆重而欢愉，一般端午分三次过。五月初五小端午挂菖蒲、艾叶，饮雄黄酒；五月十五大端午龙舟竞渡；五月二十五末端午送瘟船，亲友团聚。祭奠屈原的仪式贯穿节庆活动的始终，包括设坛祭拜、游江、龙舟竞渡、粽子寄情、乡里"闹晚"等，端午民俗过程因此而更见完整、紧凑和鲜活。自明代起，秭归农民自发组织"骚坛诗社"，于端午时吟诵《楚辞》或作赋，相互唱和，这在全国各地端午习俗中独具一格。屈原故里端午习俗既传承了传统端午习俗驱疫避瘟的内容，又保留了故乡人民对屈原精神、品格的颂扬和纪念之意。

屈原故里端午习俗是中国上古楚文化和端午礼俗等的活态见证，具有历史学、心理学、人类学等多方面的研究价值。它宣扬和传播了中国文人杰出代表之一屈原的精神品格和中国文化传统精神，把传统的祖先崇拜和英雄崇拜人性化、娱乐化，增强了民族凝聚力和文化认同感。同时，这一节日习俗还传承了《楚辞》与其他民间文化表现形式，具有丰富的文化内涵。

（三）西塞神舟会

申报地区或单位：湖北省黄石市

西塞神舟会是黄石市西塞山区道士洑村民庆贺端午节的传统盛会，主要有制作神舟、唱大戏、巡游、送神舟下水等仪式和活动。从每年农历四月初八佛祖诞生之日举行龙舟的开工仪式、扎制神舟，到农历五月初五子时由道士主持仪式为神舟开光，直至五月十五至十八的神舟会正式会期，整个活动历时40天，是目前国内延续时间较长的端午节祈福活动。

民众自发组织神舟会，举办以消灾、祛病和求平安健康、益寿延年为主题的传统民间文化活动。神舟会期间，当地群众日日夜夜唱楚剧大戏，四乡八岭的民众都赶来向神舟许愿求福。农历五月十六早晨8点神舟出会巡游，家家户户都要在门边悬挂菖蒲、艾叶，门口设香案，燃香烛，摆上酒、茶、米、水果等供品。每到一家，村民们都要放鞭炮迎接，并撒茶米祭拜。农历五月十七晚，为神舟点燃48盏长明灯，通宵打醮守夜。农历五月十八上午神舟出宫，道士和神舟会全体成员共同为神舟开路，由16名青壮小伙抬着神舟恭送入江，任由水流带着龙舟沿江而下，东流入海。此时江上众多渔船在船头摆香设案、鞭炮齐鸣、绕神舟三圈，以示送行。神舟入江处的大堤上，成千上万的村民双手合十、跪拜神舟，祈求神舟带走疾病、带走瘟疫、带走灾难，祈盼一年吉祥、幸福、安康。

西塞神舟会：神舟下水

神舟会借助"送神舟"这一形式为一方百姓禳灾祈福，是端午节俗中最壮观的一种民间盛会，至今已有千余年历史。该活动规模宏大，具有深厚的群众基础，至今传承不息。它集中、生动地表达了古代民间端午习俗的内容，具有宝贵的文化价值。自纪念屈原的传说与端午节结合以后，特别是中华人民共和国成立后，神舟会的活动也与祭吊屈原的传说联系在一起，使传统节日注入新的活力。神舟会活动期间群众文化活动丰富多彩，精心扎制的楼台亭榭、雕梁画栋工艺精致，气势宏伟，富有特色，有较高的艺术价值。

（四）汨罗江畔端午习俗

申报地区或单位：湖南省汨罗市

湖南汨罗江畔端午节一般从五月初一开始，至五月十五结束。沿江的楚塘、渔街、凤凰山、河市、归义、红花、新市、浯口、长乐一带的端午习俗除了办盛宴、吃粽子、插艾挂菖、喝雄黄酒、赛龙舟外，还有雕龙头、偷神木、唱赞词、龙舟下水、龙头上红、朝庙、祭龙和祭祀屈原等特殊习俗，这些习俗仪式具有丰富的文化内涵，留下了如"宁荒一年田，不输五月船"等端午民谣。观龙舟、回娘家、辞端阳、插艾叶、喝雄黄酒等习俗更有浓郁的地方特色。上述习俗和文化场景自汉以来就有零散的文字记载，424 年颜延之的《祭屈原文》、6 世纪初吴均的《续齐谐记》及稍后的《荆楚岁时记》《隋书·地理志》中均作了相关描述。

汨罗江畔端午节龙头绕江

端午节让一代又一代劳动人民受到传统文化的浸染，激起对美好生活的向往、对国富民安的祈求、对屈原等先贤的深深怀念；更有青年男女把这个节日当成了相亲社交的绝佳时机。

汨罗江畔端午节鲜明的个性特征可充分展现出汨罗江地方文化的特色。当前，随着人们生活方式的改变，汨罗江畔端午节的文化内涵日益衰减，需要抢救和保护。

（五）苏州端午习俗

申报地区或单位：江苏省苏州市

苏州的五月端午活动历史悠久，内容丰富，全民参与，久盛不衰，集中展示了苏州地区富有江南特色的民俗传统。

苏州端午节的起源最早可追溯到对春秋时期吴国名将伍子胥的纪念。随着社会经济文化的发展，以纪念伍子胥为始的端午节逐渐演化成苏州一年一度的盛大狂欢节，形成了一整套与当地自然条件、生产生活、经济特征和文化发展状况相对应的端午民俗活动。这些活动分为四大类：第一类是龙舟表演的大型活动；第二类主要表现苏州人适应自然、改善生活的智慧，如采草药、挂艾叶、挂菖蒲等；第三类主要展现苏州悠久的丝织文化和特有的服饰文化，如佩百索等；第四类活动的核心内容是包粽子、吃端午饭。

苏州端午节的龙舟竞渡等大型活动在"文化大革命"期间曾一度中断，近年来有所恢复。其他各种习俗在苏州居民中依然不同程度地延续着，但是年轻人知道的已经越来越少了。这些传统习俗必须采取措施保护，才能继续传承下去。

东汉柏氏伍子胥画像镜

二、曲艺：龙舟说唱

申报地区或单位：广东省佛山市顺德区

龙舟说唱在民间又称"唱龙舟"或"龙舟歌"，是流行于广东珠江三角洲地区的一种曲艺形式，一般认为形成于清代乾隆年间，相传为一名原籍顺德龙江的破落子弟所创。其表演形式为一人或两人自击小锣或小鼓作间歇伴奏吟唱，声腔短促，高昂跌宕，诙谐有趣，富有宣泄效果。唱词以七言韵文为基本句式，四句为一组。腔调简朴流畅，富有乡土气息，宜于叙事抒情。节目内容丰富，从神话故事、民间故事到时事新闻几乎无所不包。但由于民间艺人识字不多，且多为口耳相承，流传下来的并不多。

历史上的龙舟歌多由艺人走街串巷演出，在重大的民族节日或各种喜庆场合很容易觅见他们的身影。龙舟歌中蕴含着大量的民俗信息，影响所及，连粤剧也吸收其唱腔为演唱的重要曲牌，曲牌的名字就叫"龙舟歌"或"龙舟"。

时下年青一代价值取向发生了转变，龙舟歌出现了后继乏人的局面。在龙舟歌的核心流传地顺德，目前会唱者仅四五人，且未发现有主动拜师学艺的青年人，亟须采取有力可行的保护措施，让龙舟歌能传承下去。

第二节　第二批国家级非物质文化遗产名录

一、传统技艺：龙舟制作技艺

申报地区或单位：广东省东莞市

广东省东莞市中堂镇是龙舟之乡，这里的龙舟制作已有一百多年的历史。中堂龙舟制作的工艺流程较为复杂，包括选底骨（龙骨，主要选笔直的大杉树做底骨）、起底（钉蝴蝶底，起蝴蝶底）、起水（拗弯龙骨，使之呈流线型）、打水平（中线定位，平衡蝴蝶底）、转水（安装挡水板）、做大旁、做横挡（排骨）、做坐板（划龙舟者座位）、安龙肠、加固中肠（用竹片加固座位与龙肠）、上桐油灰（板与板之间缝隙加固，防漏水）、抛光、涂清漆（使龙舟光滑）、制作安装龙头、安装尾舵等多个重要步骤。

中堂龙舟制作在材料选择上经历了三个历史发展阶段。清代为第一阶段，造龙舟主要使用进口木材，材质坚固耐用，舟身重，舟行时阻力大，制作时间约需三个月。民国至20世纪末的近一百年为第二阶段，龙舟用料以松木为主，舟身重量有所减轻，舟速有所提高，制作时间约一个月。近十多年为第三阶段，龙舟改以杉木为料，重量轻，成舟吃水浅，舟速快，制作时间为六至七天。以前龙舟用料、尺寸等数据全凭师傅的经验和记忆，不见诸文字记载。

龙舟竞渡是我国端午节的传统民俗，因此龙舟制作技艺不仅具有工艺价值，还蕴藏着深厚的文化和民俗内涵。随着广东社会经济的高速发展，传统的乡土生活正逐渐淡出人们的视野，龙舟竞渡之类的活动已不常举办。加之龙舟制作工艺复杂，目前从事相关行业的人员日益减少，制作技艺濒临失传，亟须保护。

二、民俗：苗族独木龙舟节

申报地区或单位：贵州省台江县

台江苗族独木龙舟节是贵州苗族的一个传统节日，时间为每年农历的五月二十四至二十七，苗语称作"dab kiang vongx"，音译为"恰酿涌"，流行于贵州省台江县、施秉县清水江两岸和台江县巴拉河下游两岸。节日期间，苗族群众聚集在清水江中游施洞镇塘坝村河段举行为期三天的划龙舟大赛。比赛规模盛大，气氛热烈，赛事礼仪独具一格，闻名遐迩，每年都能吸引数万人前往观光。

苗族独木龙舟节反映着苗族多神的巫教信仰。苗族人民世代居住在山区，信巫事神，造龙舟时选龙树、砍

东莞中堂斗朗龙船厂

台江龙舟

龙树都要挑吉日，祭拜天地山水诸神。独木龙舟节所用龙船长度为24～27米，重三四吨，龙身以三根削尽枝丫的大树干剜制而成，一般须用直径1米、高30米以上的大杉树。苗族以鼓作为氏族或部落的代表，每届以民主方式选举产生的氏族首领称为"鼓主"，一般是具有组织管理能力、德高望重的长者，施洞苗族每届龙舟赛事都必须在鼓主的主持下进行。划龙舟时"鼓主"头戴礼帽，身穿古礼服，端坐击鼓。男童装扮的"童女"全身新衣银饰，与"鼓主"对坐打锣。36个桡手统一身着民族新装，头戴马尾丝编制、后缀燕尾银片的斗笠，抢桨点水，口唱飞歌，迅速将龙舟划向前方。

节日期间，台江等地的苗族家家准备好鸡、鸭、鹅和几百斤米，盛情接待八方来客，表现出朴实善良、热情好客的风尚。苗族独木龙舟节中的龙舟赛事及各项礼仪均显示了很强的地域民族风格，具有重要的研究价值。

三、民间文学：屈原传说

申报地区或单位：湖北省秭归县

屈原是中国历史上伟大的爱国诗人。在湖北省秭归县境内以屈原的出生地乐平里为中心，周边延展至归州、周坪、沙镇溪、泄滩等乡镇，流传着许多关于屈原的动人故事和美丽传说。晋庾仲雍《荆州记》载："秭归县有屈原宅、伍胥庙，捣衣石犹存。"可见屈原传说于晋代之前已颇为流行。

屈原传说题材丰富，其中包括人物传说、地名传说、景物传说和习俗传说等。目前已收集到屈原传说91则，故事情感浓烈，撼人心魄，神奇浪漫，想象丰富，内涵深邃。

屈原传说对于艺术创作具有一定的借鉴作用，同时有助于文化人类学、民俗学、心理学及美学的研究。传说重点渲染的民族情、乡情、亲情，对构建和谐社会亦有促进作用。

刘凌沧《屈原天问》

四、扩展项目—民俗：端午节

（一）罗店划龙船习俗

申报地区或单位：上海市宝山区

明清以来，端午划龙船习俗在上海罗店镇一直十分盛行，留存至今，形成黄浦江流域最富地域特色的端午龙船遗风。

罗店系江南历史名镇，宋时犹为"江上芦花白，晚来潮声急"的渔村。罗店龙舟竞渡习俗始于明而盛于清，《宝山县续志》称："五月五日以龙舟竞渡，罗店大场此风最盛。"《罗店镇志》记载："里中归有龙舟五六号，旗仗鲜明，锦彩夺目，擅一邑之胜。"罗店端午划龙船活动保留了江南古老的民俗形态，这在祭祀仪式、船体装饰和水上表演几方面体现得尤为明显。划龙船以端午正日为始，通常进行五到七天，其中包含立竿、出龙、点睛、接龙、送标、旺盆等祭祀仪式，意在驱除瘟疫病灾，保佑一方水土洁净。

罗店龙船特色鲜明，久负盛名，在江浙沪端午竞渡活动中独树一帜。这种龙船的船体脱胎于罗店滩船，平底、昂首、翘尾，显得小巧玲珑，能在当地曲折狭小的河道中灵活行驶。龙头用整段樟木雕刻而成，呈现为"鳄嘴、虾眼、麒麟角、口含明珠、颚下长须飘拂、遍体鳞甲叠彩"的形象。彩旗上亦描绘有图案，"以象龙子，避蛟龙之害"。船首的"台角"本系真人童子表演，后为安全起见，改用彩塑人物代替。这些都是远古"披发文身"时代社会习俗的发展延伸。

清末至民国时期，罗店饱受战乱之苦，划龙船习俗被迫中断，就此一蹶不振。20世纪90年代，在当地各界人士的努力下，这一传统民俗活动得到恢复，现已成为罗店古镇的文化标志和团结地方民众的情感纽带。

（二）五常龙舟胜会

申报地区或单位：浙江省杭州市余杭区

五常龙舟胜会是浙江省杭州市余杭区五常街道在每年端午节举行的一项大型民俗活动，至今已有五百多年的历史。清代乾隆皇帝巡视江南时看到当地赶集一样的龙船竞渡景象，欣然称之为"龙舟胜会"，这一名目就此传播开来，沿用至今。

每逢端午节，五常家家户户挂百草、吃"五黄"（黄瓜、黄鱼、黄鳝、黄泥蛋即咸鸭蛋、雄黄酒），自发组织龙舟胜会。五常龙舟胜会的特点是

罗店龙船

五常龙舟

竞技巧、闹龙舟，重点突出一个"划"字，并不刻意强调以速度取胜。五常龙舟按装饰可分为满天幛、半天幛和赤膊龙船几种，满天幛、半天幛龙船属于观赏性龙船；赤膊龙船数量最多，它不装饰，只在船头竖一个龙头，下面用黏泥固定。端午节中午12点至下午3点，上百只来自十里八乡的各色龙舟在五常浜口汇集，一段四五百米长的河道上，锣鼓激扬，浪花四溅，各船划来窜往，你挤我拥，熙熙攘攘，惊险热闹。与此同时，岸边人山人海，万头攒动，呐喊声、喝彩声与水上此起彼伏的号子声遥相呼应，场面十分壮观。龙舟胜会前后，五常当地还有"请龙王""谢龙王""喝龙船酒"等传统民俗活动。端午日划完龙船"谢龙王"后，各村老少齐聚一堂喝龙船酒并犒劳划手，热闹非凡。

五常龙舟胜会是江南水乡独特的民俗节庆活动，具有广泛的群众性和民间传承性，体现出很强的文化凝聚力。随着时代的演进，五常当地的社会生活发生了很大改变，村民们分散到各个农居点居住，很难聚集到一起。在此情势下，包括龙舟胜会在内的各种民俗仪式日趋简化，不断失去原来的特色，亟须加强保护措施，防止古老的节日民俗逐渐失传。

（三）安海嗦啰嗹习俗

申报地区或单位：福建省晋江市

"嗦啰嗹"又名"采莲"，是福建省晋江市安海镇人民祛病弭祸、祈求安康的一种民俗活动。"嗦啰嗹"是源于中原地区的古老民俗，清初已十分盛行。清代中晚期，这一活动与中华民族的龙图腾崇拜紧密结合在一起，时间则改为每年的五月初五。现今"嗦啰嗹"在安海镇保留得十分完整，仍在民俗生活中发挥着重要作用。

"嗦啰嗹"举行时，人们抬出供奉的龙王头雕像，焚香叩拜，走街串巷。整个队伍以头戴清兵笠、手撑长杆艾旗的醉步汉子为前导，敲锣鼓、奏管弦的队伍两旁是肩挑生猪脚、草鞋和尿壶酒，手打破锣的"铺兵"及头包乌布、身着红衣红裤、手提鲜花篮、脚穿绣花鞋的男扮花婆。每到一家，旗手如醉似癫地冲入厅堂，挥动艾旗在梁间拂扫，高诵"龙神采莲来，兴旺大发财"等祝祷辞。男扮花婆走科步与旗手对舞一番后，向户主馈送鲜花，表示龙王神留下福禄吉祥，户主接过鲜花即回赠红包答谢。除此以外，这一天安海镇的人家还要举行"煎饦补天"、结粽、门插松艾等活动。

"嗦啰嗹"习俗对活跃人民群众的文化生活、促进海峡两岸的文化交流具有积极的现实意义。随着现代化步伐的加快，这一民俗赖以生存的社会基础发生了巨大变革，一些颇有造诣的民间艺人因年迈退出活动，"嗦啰嗹"习俗后继乏人，亟待保护。

安海嗦啰嗹习俗

第三节　第三、四批国家级非物质文化遗产名录

一、传统体育、游艺与杂技：赛龙舟

（一）沅陵龙舟

申报地区或单位：湖南省沅陵县

沅陵龙舟发源于远古，祭祀对象是五溪各族共同的始祖盘瓠。盘瓠是帝喾时代的人物，盘瓠死后，六族人宴巫请神，为其招魂。因沅陵山多水密，巫师不知他魂落何处，就让各族打造一只龙舟，逐溪逐河寻找呼喊，以至演变成后来的划船招魂的祭巫活动。沅陵苗族流传了上千年的《漫水神歌》中唱道："人家赛舟祭屈原，我划龙船祭盘瓠。"由此可见沅陵龙舟赛要早于祭祀屈原的龙舟赛，沅陵有可能是中国传统龙舟赛的主要发源地。沅陵龙舟起源于五千年前，比纪念屈原的说法要早三千多年。

每年的龙舟节，沅陵还有赛纸船的习俗。无论城里的孩子，还是乡里的孩子，都会用油纸、竹篾、彩旗和滑轮，制作他们心中的"中国龙"。在操场上、广场上，"小龙人"们各自挥动手中的大蒲扇，一扇一扇地让自己的纸龙船飞速冲向终点。竞赛激烈，趣味横生，氛围浓厚。在2007年第三届全国传统龙舟大赛中，来自非洲、欧洲等地的外籍"龙船迷"在沅陵城乡"拜师学艺"和"招兵买马"后，也把这条"东方之龙"舞得"动桡雾气生"，真切感受到中国传统龙舟的无穷魅力，体验了中国传统文化的神秘之旅。

沅陵龙舟

（二）东莞龙舟

申报地区或单位：广东省东莞市

东莞地处珠江口东岸，东江下游的珠江三角洲，水乡泽国，河流纵横，水面阔广，赛龙夺锦，自宋以来，沿袭至今。清末广东著名学者屈大均《广东新语》卷十八载："东莞有彭峡，……五月时，洪流滂濞，放于百里。乡人为龙舟之会，观者画船云合，首尾相衔，士女如山，乘潮下上，日已暮而未散。……广中龙船，惟东莞最盛。自五月朔至晦（从初一到三十），乡乡有之。"每年农历四月初八开始，到五月三十，东莞人划龙舟，洗龙舟水，趁龙舟景，吃龙舟饼，食龙舟饭，唱龙舟歌，成为龙舟月。四月初八起，龙舟鼓响，人们做竞渡的准备和热身，姑娘们做小香囊。

每年的东莞龙舟景，都始于"东莞龙舟第一景"的万江区。万江原名蛋家租，万江争流，更是龙舟之乡。东莞民谚有云："初一初二，万江、西塘坡，初三初四，大汾、牛涌尾。"之后各地互让互利，定出自己的龙舟景日子。大镇、村每年设标竞渡。目前设标景点有十三四个镇，连村级有三四十个景点。各村龙舟必须到世交（互有婚嫁的村庄）、世好、同姓的村庄趁景，保持世代相沿的友谊。

龙舟月的民俗活动内容比较丰富且饶有趣味，大多寓意祈福、吉祥。如新船下水有"采青"，龙舟出赛先"旺船"，对参景、参赛和到访的龙舟，东道主必先"犒船"，受犒龙舟必"朝（回）头"回礼，村"景"东道主慷慨好客招呼"龙舟饭"，龙舟排号不沾"九"，馈赠"金猪"等礼义双全的风俗民俗，都是传统文化保存下来的不可多得的鲜活教材。

东莞龙舟景

（三）铜仁龙舟

申报地区或单位：贵州省铜仁市

铜仁市碧江区赛龙舟历史悠久，万历三十八年端午（1610年6月25日），驻铜仁的贵州总兵邓钟和驻铜仁分巡思石道佥事刘观光在城楼上唱和《五日江宗楼观竞渡得寒韵》诗："千门垂艾纫芳兰，箫鼓中流共笑欢。彩鹢棹从蛟室度，绮筵人指蜃楼看。烟横古渡双江喧，波撼崇崖五月寒。漫向潇湘追往事，昆池犹识汉时坛。""江阁邀宾笑倚栏，画船齐逐万人看。乘风破浪谁先胜，击节中流兴未阑。漫道人生缘续缕，只应角黍佐盘餐。黔南不用嗟留滞，赢得蒲觞拼醉看。"这生动描绘了赛龙舟时的热闹情景，充分说明铜仁龙舟竞渡的悠久历史和民众的广泛参与度，反映当时碧江龙舟比赛已经相当成熟，而且规模壮观。

碧江区的龙舟独具特色。每艘船都是独一无二的，龙舟选用上好的杉木制造，船的前后分别装有用柳树雕成的龙头、龙尾，龙尾上插上一根带几片绿色竹叶的竹竿，挂着标明各村寨的小旗。龙舟船身窄长轻巧，长24～26米，一般坐三四十人。

铜江十二景之中流砥柱

赛龙舟的时间是五月初五端午节，春耕春种的大忙季节已过，而且气候渐渐暖和，河水的温度适宜水上运动。端午节前，各村各寨的农民便自发地组织起来，把搁置了一年的龙船抬到河边，用桐油"油"上几遍后就下水操练。到了端午节，

铜仁扭龙

各地的龙船便早早地聚集在城南双江汇流处的铜岩下等待比赛。

铜江十二景之一的"中流砥柱"铜岩，历来是指挥龙舟竞赛的最佳位置。比赛时，一声信号枪响，龙舟便乘风破浪，如箭离弦，龙舟的船头敲锣，船中击鼓，划桨飞舞，岸上的人也跟着呐喊、使劲。待划出去的龙舟前进一定的距离后，第二组龙舟又闻令出发，直至把所有报名的龙舟队比完。铜仁的一句古老俗语"船上人不着急，岸上人闪断腰"，很形象地诠释了碧江区赛龙舟全民参与的热闹氛围。

比赛结束后，优胜者无比兴奋，把锣鼓敲得震天价响，高举得胜的奖旗，有节奏地举舞着划桨，游江炫耀，岸上的同寨人也鸣放鞭炮以示庆贺。竞赛结束后，时常还有"抢鸭子"活动，使碧江区龙舟竞赛活动再次掀起高潮。

（四）镇远龙舟

申报地区或单位：贵州省镇远县

贵州省镇远县享有黔中大地"龙舟之乡"和"龙舟文化策源地"的美誉。以纪念屈原为目的的镇远端午赛龙舟具有悠久的历史和深厚的群众基础。

战国时期，镇远属于楚国管辖的地方，楚风盛行。相传在汉朝时期，镇远民间就自发组织纪念爱国诗人屈原的活动，至宋朝已经很兴盛。宋代朝廷追封屈原为忠烈公，并下诏将五月初五定为"端午节"，谕令各地官府组织赛龙舟。《贵州通志》载明代"镇远府端阳竞渡，府临河水，舟楫便利。……拽船争先得渡者，是岁做事俱利焉。"清乾隆《镇远府志》也记载："划龙船，以木雕龙头、龙尾，系于船之前后，放乎中流……"民国时期官府也专门组织过镇远龙舟大赛。20世纪80年代以来，赛龙舟活动最为活跃。镇远龙舟队先后多次代表贵州省龙舟队在国家、国际龙舟比赛中获奖。

镇远赛龙舟活动年年举办，且规模宏大。端午这天，㵲阳河上龙舟排列如雁阵，当比赛的发令枪声响起，龙舟如离弦之箭，贴水面飞去，但见几十张桨齐如大鹏之翼张扬闭合，飞溅起一阵阵银涛珠玉。江面上锣鼓喧昂，吼声震天；两岸呼声雷动，呐喊助威。每一轮比赛都牵动着岸上云集观众的心。赛龙舟是一场力量的对决，两支龙舟队在同一河面竞技；同时也是一次力量的团结，所有的船员必须整齐划一、力道均衡，龙舟才能全速前进。

镇远龙舟文化节全民参与最热闹的环节要数祭龙仪式、文艺队游行、彩船队游江、龙舟竞赛、抢鸭子、放河灯。同时，每家每户还通过包粽子、喝雄黄酒、挂艾叶、驱蚊虫等来纪念爱国诗人屈原。相传屈原怀石投江之后，楚人甚是悲悯，包粽子、放龙舟以示纪念，他的学生宋玉哀怜屈原"信而见疑，忠而被谤"，两遭放逐，魂魄放佚，故作《招

镇远第三十三届传统龙舟文化节

魂》。这宋玉的《招魂》原本为文学作品，后在龙舟赛时派生出放鸭抢鸭活动，此风至今在镇远仍然沿袭。在龙舟赛结束之后掀起的抢鸭活动高潮，令人叹为观止。

二、扩展项目—民俗：端午节

（一）五大连池药泉会

申报地区或单位：黑龙江省黑河市

传说有一位达斡尔族猎人在打猎时，被一只神鹿带到了五大连池药泉山，他发现受伤的神鹿在喝了那里的泉水后，竟然奇迹般地痊愈了。于是，神水的故事便传开了，达斡尔人、蒙古人定于每年五月初五从四面八方赶到此地，庆祝他们发现了神水。人们夜晚燃起篝火，边跳舞、边唱歌，午夜时分，大伙争着去抢喝神水。返家之前每人搬块石头挂上红布条以求吉利，相约来年再相会。后来，人们在药泉山上建起了钟灵寺，在池子旁建起了黑龙庙，从此，这里便有了五月端午节药泉山下起"药泉会"的习俗（俗称"圣水节"）。

五大连池药泉会（圣水节）在每年的农历五月初四、初五、初六三天举行，有着两百多年的信仰民俗传承基础，是黑龙江省达斡尔族、鄂伦春族、蒙古族、汉族等诸多民族特定历史时代的鲜明写照。它由原始信仰引

发，在漫长的历史发展过程中，不断渗透和映照多民族生产生活、社会活动、民间文艺等多元文化内涵。庆典活动期间，当地各民族举行各种传统仪式，有民俗表演、传统歌舞、各种竞技活动、圣水祭祀、抢子夜水、抹黑祈福、泉湖灯会、射猎饮水等，活动丰富多彩。

端午节泡圣水

五大连池药泉会（圣水节）涉及面广，参加人数众多，由原来的几千人参加发展到现在的十几万人，是中国百大民俗活动之一。

南方有个"泼水节"，五大连池有个"圣水节"。圣水节是多元文化和多民族习俗融合的群众性文化空间，然而近年来受现代旅游业的冲击，现在人们所知道的五大连池药泉会（圣水节），和其原有的文化内涵已有偏差，故恢复五大连池药泉会（圣水节）的历史原貌，保留节日的多民族、多文化特色，已迫在眉睫。

（二）嘉兴端午习俗

申报地区或单位：浙江省嘉兴市

浙江嘉兴地处吴根越角，是马家浜文化的发祥地，历史文化底蕴深厚、璀璨夺目，其中端午习俗更是源远流长、生生不息。据史料记载，端午也是吴越地区百姓对忠臣名将伍子胥的纪念之日。嘉兴端午习俗节庆活动早在南宋时期就已形成，至明清时达到鼎盛。嘉兴是我国端午传统节日的重要活动地区，嘉兴端午习俗是江南水乡独特的传统节日活动，又有明显的太湖流域民间端午习俗的印记。时至今日，端午节已经成为嘉兴最具代表性的地方特色民俗节日之一。

当地百姓有"五月五日，时迎伍君"的说法，每逢端午节，都要在南湖举行祭祀伍子胥的习俗活动。嘉兴各县（市、区）都有一系列根植于民间的具有地方文化特色的端午习俗及其活动，其百姓参与面广、活动声势

祭龙神

强、社会影响力大、历史渊源流长。明代万历《秀水县志》、崇祯《嘉兴府志》，清代光绪《嘉兴府志》《嘉兴县志》，清代陈元颖的《砚农文集》和项映薇著、王寿增补的《古禾杂识》等历史文献均有这方面的记载。

一直以来，嘉兴民间过端午节是较为隆重的，习俗活动也是各种各样，其普遍活动主要有四大类：一是规模盛大的祭祀伍子胥的仪式；二是在南湖举行龙舟竞渡和摇快船等节日娱乐习俗；三是民间裹粽子习俗；四是挂菖蒲、艾叶，燃熏苍术、白芷，佩香袋，吃"五黄"，吃"五白"（白干、白鳌、白菜、白切肉、白斩鸡），吃煨蛋等节日饮食习俗。

嘉兴端午习俗来源于民间的约定俗成，具有浓厚的民俗性、鲜明的地域性和广泛的群众性，尤其是每年端午节群众赶到南湖边观看龙舟竞渡的场面十分壮观。近五年来，政府加大对这一民俗资源的挖掘、保护和传承的力度，通过"嘉兴端午民俗文化节"这一活动载体，南湖龙舟竞渡得以弘扬，嘉兴端午习俗得以传承。时至今日，端午节仍然是嘉兴地区一个十分盛行的、隆重的传统节日，端午习俗也随之传承至今。2008年6月，嘉兴端午习俗被浙江省文化厅列入首批浙江省民族传统节日保护基地。

（三）蒋村龙舟胜会

申报地区或单位：浙江省杭州市西湖区

蒋村龙舟胜会是浙江省杭州市西湖区蒋村街道居民在端午节自发组织赛龙舟的一种民俗活动。自明代开始到现在数百年间，蒋村端午划龙舟的习俗从没间断过，即使是在十年"文化大革命"期间，各村村民在端午节还是会偷偷地在村里的小河中划上一圈。据说，蒋村的龙舟胜会来源，同样与乾隆下江南的史实有关。

　　蒋村龙舟竞渡的起源，和水患有关。每年的农历四月廿四开始，至五月十三小端午止，乡民们自发在村里请龙王，供龙王，谢龙王，吃龙舟酒，求龙王不再发洪水。端午节当天为高潮，家家裹粽子、吃粽子；户户门前挂艾叶、菖蒲、桃枝、大蒜、灰粽子（乖种子）；吃"五黄"，即雄黄酒、黄鱼、黄瓜、黄鳝、咸鸭蛋中的蛋黄；挂香袋；新出嫁的女儿家，这天要备粽子、毛巾、扇子等送至男方家，并将物品分发给亲友，俗称"赞节"。蒋村龙舟胜会注重龙舟的表演性、娱乐性，每年端午节这天都有一两百条龙舟汇聚在西溪湿地深潭口漾"胜漾"。"胜漾"有规定的路线，每条来的龙舟要先划遍深潭口漾的四周，最后到深潭口漾中间原地做 360 度旋转（俗称"载泥坝"）。龙舟胜会结束后，村民们以村为单位聚在一起吃龙舟酒。

蒋村龙舟胜会

赤膊龙舟

蒋村龙舟的装饰有多种形式，有"满天幛""半天幛""赤膊龙舟""泼水龙舟"等，划法也各不相同，而且有别于其他地方的龙舟赛，它不赛速度赛表演，具有浓厚的地方特色。

蒋村当地有"端午大如年""划龙舟体强庆丰年，观龙舟吉利保平安"的说法。这样一种求和谐、共欢乐，集人力、聚人心的传统民俗活动，生生不息，每年举行，且一年更胜一年，蒋村街道因此在2008年被文化部命名为"中国民间文化艺术之乡（龙舟）"。

（四）石狮端午闽台对渡习俗

申报地区或单位：福建省石狮市

"云南陆地泼水，蚶江海上泼水"是早已闻名于世的传统而独特的民俗活动。农历五月初五端午节，是中华民族最古老的传统节日之一，石狮蚶江端午节更有独特的风俗——竞舟泼水闹端午。蚶江海上泼水形成于明，而盛于清，由于蚶江地处泉州湾出海口，风浪大，不宜举行赛龙舟，所以独创了别开生面的端午海上泼水习俗。

石狮蚶江闽台对渡（海上泼水节）习俗，是一项独特的端午节民俗活动。蚶江位于石狮市北部的泉州湾南岸。明清时期，蚶江是中国大陆

新建蚶江海防官署碑

与台湾通航通商的中心码头，特别是清政府诏令蚶江与台湾鹿港对渡后，海上交通贸易更为繁荣兴盛。清乾隆四十九年（1784），清政府在蚶江设正五品海防官署，统辖泉州一府五县的对台贸易。矗立在当年海防衙门遗址的《新建蚶江海防官署碑》，又称"对渡碑"，是海峡两岸对渡通航的历史见证。碑文称："蚶江为泉州总口，与台湾鹿仔港对渡。"蚶江有郊商百余家，对渡船只三百余艘。每逢端午节，对渡船只相互追逐泼水，交融情谊，互祝吉祥。

蚶江闽台对渡习俗见证了两岸商贸的兴盛与关系的变迁，表明两岸习俗相同、血缘相续。1662年郑成功收复台湾之后，清廷禁止与台湾通航，两岸各项活动被迫中断。1683年施琅统一台湾后，两岸恢复贸易往来，就有了对渡习俗。1894年甲午战争后，清政府向日本割让台湾与澎湖列岛，蚶江与台湾对渡从此成为历史。20世纪80年代以来，两岸民间往来逐步恢复和发展，端午蚶江闽台对渡民俗活动又复兴起来。

除泼水外，两岸同胞还有一些共同的祭祀活动，如采莲、祭江、放水灯、祭五王爷以及灯谜竞猜、南音游江等。王爷信仰是闽台两地特有的习俗，相传，蚶江与鹿港对渡不久，一艘鹿港商船在蚶江卸货之后，在返回台湾的途中遇上大雾，幸得蚶江"五王爷"亲驾神船导航，使鹿港商船平安返回。五月初五是"五王爷"生日，这一天，蚶江和台湾多个地方都要举行"放王爷船"仪式。

随着时代变迁，蚶江港石湖码头已经是国家一类码头，两岸往来的船只不再是舢板，而是大货轮。原来

石狮市蚶江镇澉汉五王府

在舢板上玩泼水，弯身舀海水，对面把水泼，气氛浓烈；现在在大货轮上玩泼水有些困难，于是改用小机船，别有一番情趣。

蚶江海上泼水

龙舟

中华才艺系列

DRAGON BOAT

（五）大澳龙舟游涌

申报地区或单位：香港特别行政区

大澳龙舟游涌属联合国教科文组织《保护非物质文化遗产公约》所界定的"社会实践、仪式、节庆活动"类别，是全香港独有的传统社区活动，在华南地区也是凤毛麟角，具有重要的历史、社会和文化价值。

相传在百多年前，大澳出现瘟疫，渔民用龙舟拖拽载有从各庙宇接来的神像的小艇巡游水道，瘟疫得以驱除。之后，这个当地称为"龙舟游涌"的传统流传下来并维持至今。

每年端午节，大澳三个传统渔业行会，即扒艇行、鲜鱼行和合心堂，均举办传统"龙舟游涌"宗教活动。行会成员于农历五月初四早上顺序前往大澳四间庙宇，即杨侯庙、天后庙、关帝庙、洪圣庙请出小神像，接返各行会供奉祭祀。

在五月初五端午节早上，扒艇行行会成员划龙舟到杨侯庙后的宝珠潭山边采集青草，然后将草放进龙口，称为"采青"。行会的长老又以雄鸡血混到白酒中，然后洒到龙头、龙尾及船身上，称为"喝龙"，有辟邪之意。但政府禁止市民饲养活鸡，此仪式现已无法进行。

接着进行的活动，就是"游涌"，当地人又称之为"游神"，由龙舟拖着载有神像的小艇巡游各水道，沿途

大澳龙舟游涌

20 世纪 90 年代的香港仔龙舟竞赛明信片

为水中的"幽魂"化衣，也就是焚烧金银衣纸，棚屋居民则朝着巡游的龙舟焚香拜祭，祈求合境平安。游涌完毕，三条龙舟进行竞渡表演，以娱乐神明。至下午，各行会进行"送神"，把神像送回各庙宇。当天晚上，则是行会成员欢聚的时刻，成员们以聚餐的形式庆祝端午节。

（六）泽林旱龙舟

申报地区或单位：湖北省鄂州市

旱龙舟是湖北省鄂州市泽林村于每年大端午节（五月十五）举行的传统节俗。每年农历二月至四月，当地工艺师完成旱龙舟的扎制。扎制旱龙舟有着严格的制式规格，龙舟为三层梯形结构，舟上72神各司其职。农历五月十五至五月十八是旱龙舟游祭时间，要举行"插标""开光""打醮""朝舟"和"祭舟"等驱瘟祈愿仪式，百姓还自发组织唱会戏、传统书画和锣鼓表演。最热闹的是旱龙舟游祭，经过道士占卦吉日，龙舟出庙，由头人喝彩后宣布出游。此时鞭炮冲天，鼓乐齐鸣，旌旗林立，众人抬着龙舟浩荡前行，场面十分壮观。至五月十八上午，旱龙舟巡游至泽林咀河边，即焚烧饯舟，宣告庙会结束。

泽林旱龙舟

第五章 龙舟运动概况

作为中华民族龙文化的一个载体，龙舟竞渡扮演着重要的角色。她从民俗文化中走来，如何才能从"民族的"变成"世界的"，让世界大众认同？将龙舟竞渡活动体育化，是这项活动得到快速推广的不二选择。中国人是龙的传人，中国就像一条腾飞的龙，中国的群众体育就是"龙体育"。国家体育总局原副局长、中国奥委会原副主席张发强先生提出"龙体育"的概念，认为龙舟、舞龙，都是中国的传统文化、传统体育项目，在国际上很有影响。水里划龙舟，陆地舞龙狮，天上放龙筝，那就是"龙运动""龙体育"。龙舟运动，在这个"龙体育"的概念中，无疑有着举足轻重的位置。中国的体育飞速发展，从龙舟开始，一直延伸到民族民间体育、竞技体育。作为一项运动，龙舟有着其他项目无法比拟的内涵。它历史久远，流传广泛，保持着浓厚的民族特点和风格，体现了"龙的传人"同舟共济、奋力拼搏、勇往直前的气概。民族的才是世界的，中国民间的体育项目，备受喜爱，值得弘扬。

第一节 中国龙舟运动

一、中国龙舟运动概况

由于历史的原因，20 世纪 70 年代之前，尽管龙舟在中国有着广泛的群众基础，但在龙舟文化的传承和国际化发展方面则较为滞后。1978 年底，中共中央召开十一届三中全会，打开了国家改革开放的大门。随着中国社会主义现代化经济建设的复苏，龙舟的竞赛和交流逐渐频繁，并且在国际赛场上一鸣惊人。1984年，广东农民龙舟队参加在香港举行的国际龙舟邀请赛，取得优秀成绩。同年6月，顺德、东莞两支农民龙舟队赴香港参加香港"市政杯"龙舟邀请赛，挫败美国、英国、日本、新加坡、澳大利亚、泰国和中国香港、澳门等强手，顺德队夺冠，东莞队获得亚军。在同时举行的有16支队伍参赛的第九届香港国际龙舟邀请赛中，东莞队夺冠，顺德队获得亚军。第一次赴港参赛的中国内地龙舟队，闪亮登上国际龙舟赛场，让封闭千年的中国龙舟走出国门，在云集了全世界20多个国家和地区的龙舟强队、代表着当时世界最高水平的香港国际赛上一举夺魁，扬威海内外。

1984年3月6日至7日，在广东省佛山市召开了龙舟工作会议。参加会议的有广东、广西、湖南、湖北、福建、浙江、四川等18个省、自治区的代表。大会认为，中华人民共和国成立30多年了，为了振兴中华民族的传统体育，龙舟应该全国统一规范。与会代表一致通过了直接举办龙舟全国比赛，并将全国龙舟赛命名为"屈原杯"的决定。1984年9月16日，广东省佛山市顺德龙江两岸彩旗招展，锣鼓喧天。20万观众笑语欢声，一片欢腾。这是中国龙舟史上值得记住的日子：首届全国"屈原杯"暨广东省"丰收杯"龙舟赛开幕了。参加本届全国"屈原杯"赛的有四川、浙江、湖南、湖北、福建、云南、广西、贵州、安徽、江西、广东一队、广东二队和澳门13支男子龙舟队。比赛项目为1 000米直道竞速。同时，广东省体委还举办广东省"丰收杯"龙舟赛，参赛队伍来自珠海、江门、中山、韶关等市及广州市郊区、黄埔区以及增城、清远、番禺、南海、三水、顺德、高明、新会、鹤山、斗门、开平、高要、东莞等县。顺德县代表广东获得全国"屈原杯"冠军，并获得广东省"丰收杯"冠军。

这次全国龙舟赛事在广东试点，是摸着石头过河，主要是为了探索组织群众体育竞赛的方法，积累经验，改变千百年以来中华龙舟竞渡只限于在民间乡土水域开展的局面。尽管这次比赛出现了一些问题，比如裁判员没有经过培训，水平不高；领队不力；器材不统一，造成了竞争的条件不均等、机会不均等；群龙无首，全国没有一个龙舟协会，没有统一的领导机构和贯穿下去的机制，必然出现指挥系统的失灵，等等，但是全国十几个省、自治区的队伍汇聚一堂，正式使用了全国统一的龙舟竞赛规则，比赛有始有终，产生了全国比赛的冠军队，这在中国几千年龙舟竞渡史上还是破天荒的第一次，是龙舟运动一次重大的、历史性的突破。

中国古老的龙舟运动由此宣告进入新的发展阶段。

1985 年 6 月 5 日，中国龙舟协会在湖北宜昌成立，中国第一次有了全国性的龙舟组织，结束了长期以来群龙无首的局面；同年，中国第一本《龙舟竞赛规则和裁判法》出版，全国第一批龙舟等级裁判员批准命名。

1988 年，中国第一个由地方政府举办的国际龙舟邀请赛在厦门举办。

中国龙舟协会会徽

1992 年，中国龙舟协会第一次主办的国际龙舟邀请赛在江西九江举办；同年 9 月，世界上第一个长距离 75 千米的国际龙舟拉力赛在湖北宜昌长江三峡成功举办。

1993 年，由国家体委、国家旅游局和中国侨联联合主办的国际龙舟系列赛暨第一届"炎黄杯"世界华侨华人龙舟系列赛，历经 12 天，分别在岳阳、九江、北京三站举办。比赛规格之高、规模之大、活动之丰富，受到国际龙舟界的关注和肯定。

1994 年，由亚洲龙舟联合会主办、中国龙舟协会承办的第一届亚洲龙舟锦标赛在广东肇庆举办，中国队包揽了全部比赛 4 项冠军。

1995 年 6 月，由国际龙舟联合会主办、中国龙舟协会承办的第一届世界龙舟锦标赛在湖南岳阳举办，中国队囊括了全部比赛 8 枚金牌，这也是迄今无人打破的世界纪录。

2000 年，世界上第一个国际大学生龙舟邀请赛在天津举办。

2000 年，在四川绵阳市举办的第四届全国农运会上，首次列入了龙舟比赛项目，开创了在国内综合性运动会上设立龙舟比赛项目的新局面。

2001 年，世界上第一个冬季龙舟赛在吉林市零下 28 摄氏度的气温下举办。

2005 年，四川绵阳市举办的第二届全国体育大会上，首次列入了龙舟比赛项目……

龙舟项目迅猛发展，终于被正式列为全国综合性比赛项目。

国内的"南舟北移"进程有了可喜的、长足的发展，改变了千百年来

龙舟运动局限在长江以南水域密布的 10 多个省区市开展的状况，参与的人群也由水乡的农民为主扩大到城市的各类人群，其中包括年轻的知识人群及学生。北京、天津、辽宁、吉林、黑龙江、山东、宁夏、陕西、甘肃、新疆等地陆续开展各种特色、各种规模的龙舟比赛。

二、载入史册的龙舟盛事

龙舟竞渡习俗不断地营造和渲染着一种浓郁的乡土文化氛围。在这种潜移默化的文化氛围中，一种共同的精神和气质就会不知不觉地融入每一个龙的传人的血液和骨髓之中。当海外华人看到蛟龙飞舞，听到具有鲜明民族特色的喧天锣鼓时，就会自然而然地产生一种"我们是中国人"的民族认同感，这也正是世界上凡有华人的地方就一定会有龙文化习俗传承的根本原因之所在。

龙舟盛事——首届"炎黄杯"世界华侨华人龙舟系列赛，就是要让侨居海外的华侨华人升华民族归属感和认同感。这是一次由国家体委、中国侨联及国家旅游局联合主办的，规格高、内涵宽、规模大、"大兵团协同作战"的宏大活动。五大洲的华侨华人以"炎黄子孙"的名义，云集中国，共赛龙舟。比赛分岳阳、九江、北京三站进行。

"炎黄杯"世界华侨华人龙舟系列赛有一个灿烂的序幕——火炬传递仪式。采集火种的队伍分为两支，一支在陕西的黄帝陵前祭奠和采集火种，一支在湖南的炎帝陵前祭奠和采集火种。然后，两支队伍经过长途的汽车拉力，在开幕式当天聚首，共同点燃"炎黄杯"世界华侨华人龙舟系列赛的主火炬。点火仪式在湖南的炎帝陵前举行，由杂交水稻之父袁隆平在此点燃火种，龙舟热从湖南的岳阳传递到江西的九江，最后在北京十三陵水库闭幕。

1993 年 8 月 15 日，"炎黄圣火"分别在陕西黄陵县的黄帝陵和湖南酃县（今炎陵县）的炎帝陵，采用燧石摩擦、钻木取火点燃，然后由 40 台国产名牌汽车组成的车队护送传递。

圣火队途经陕西、河北、湖北和湖南四省的 40 个县市，跨黄河、越长江，分南北两路向岳阳进发。圣火所到之处，无一不在当地引发全民健身的热潮。8 月 20 日圣火进入岳阳境内，沿途十多公里路旁、彩旗飞舞、鞭炮齐鸣、锣鼓震天，自发欢迎的人群把国道拥堵得水泄不通，车队只能在人群的夹缝和鞭炮的烟雾中穿行。沿途还设立了若干个圣火传递站，所经之处各个乡镇的负责人都出来传递圣火。上午 10 时 48 分，炎、黄两路圣

龙舟
DRAGON BOAT

中华才艺系列

火胜利会师岳阳市区黄姑塘。一时间，21 响礼炮冲天而起，2 000 面龙旗夺目而出，2 100 发地面组合弹惊天动地，市领导庄严地接过两路圣火，将它交递到岳阳运动员手中。

8 月 22 日，首届"炎黄杯"世界华侨华人龙舟系列赛在南湖开幕。

南湖赛区最为精彩、最具特色的是彩船游湖表演，它是画龙点睛之"睛"，南湖诗篇之"魂"。只见 32 艘大小各异的彩船分成 7 组，依次在南湖亮相。这 7 组的主题分别是："欢庆锣鼓""炎黄组曲""汨江颂歌""华夏旌旗""荷花仙子""奥运五环"和"龙狮欢腾"。

当第一个船组一亮相，两岸就沸腾了。但见船上祥龙火焰四射，凤凰吐雾吞云，船中大鼓悬立，身着古装的鼓手并立船头，奏响了具有楚湘音韵的激情锣鼓，宣泄着屈原后人代代相传的轩昂气质。

第二组船上，5 米高的炎帝塑像是红色的，因为相传他是太阳的化身；而同样高大的黄帝塑像是黄色的，因为他代表着黄河流域的祖先。黄帝的船上还有参天古木，以此表现黄帝率人造独木舟的意境。

"汨江颂歌"由 5 艘船排成箭形，象征屈原忧国忧民，如箭穿心。走在最前面的是"屈原问天"，10 米高的屈原像傲立船头，撼人心魄。

"华夏旌旗"的 5 艘船中，有龙盘虎踞，象征江山稳固；有二龙戏珠，表达盛世丰年；更有古装武士以十八般兵器演练，诉说着中华民族是一个不可战胜的伟大民族。

"荷花仙子"船队的意境与前组形成了鲜明对比，美得让人如醉如痴。洞庭湖上的"仙子"们婀娜起舞，天真活泼的"神童"抱着硕大的鲤鱼，寓意洞庭湖五谷丰登，年年有余，真乃人间天堂！

"奥运五环"表达了华夏儿女申办奥运的决心和走向世界的勇气。

而压台大戏"龙狮欢腾"把舞龙舞狮创造性地搬到了船上，演到了湖中。但见金狮起舞，群龙欢腾，二龙抢珠，好似大湖生瑞气，祥云落九天，看得中外游客如痴如醉，笑声、掌声、喝彩声如洞庭波涛，一浪高过一浪。

《人民日报》也及时报道了此次意义非凡的活动：

新华社长沙 8 月 22 日电（记者曹光晖）：93'炎黄杯世界华侨华人龙舟系列赛，今天下午在风景秀丽的湖南岳阳市南湖举行了盛大的开幕式及大型表演活动。此次大赛是世界各地炎黄子孙欢聚一堂，融体育、文化、经贸、旅游于一体的大型国际龙舟盛会，共有澳大利亚、法国、意大利、新加坡、中国香港、中国澳门、中国台湾等国家和地区的 17 支男女龙舟队参赛，其中境内队有 5 支。

根据组委会安排，参赛各队首先在岳阳举行男女 1 000 米直道竞速赛，接着移师江西九江举行 800 米直道竞速赛，最后在北京九龙游乐园举行 600 米直道竞速赛。比赛共历时 12 天。

对龙的崇信和敬畏，早已潜移默化变成了中华民族的集体无意识和族类认同感，流淌在每一个中华子孙的血液里，成为我们民族世代相承、绵绵不绝的精神血脉和文化基因，以至于我们普遍以"龙的传人"自居。可以说，龙的神话与信仰，作为中华民族自我认同的宏大叙事和伟大传统，深刻地塑造了中华民族的民族性格和历史命运，因此，透彻地理解龙崇拜和神话的来龙去脉，对于中华民族的自我理解至关重要。中华民族在长期的历史积淀中形成的灿烂的龙文化，对每一位"龙的传人"所产生的文化影响力，一直影响着中华儿女一代一代自觉地将"龙体育"的习俗传承下去，甚至影响到了长期在海外的华侨华人，这一点也充分显示出龙文化习俗强有力的同根性、凝聚性。

第二节　国际龙舟运动

随着华侨华人在世界范围的迁移，龙舟被带到世界各地，现在发展到世界各大洲许多国家和地区常年开展比赛。中国的龙舟文化习俗演变成为一个世界性的现代体育项目，寄托了海外游子对祖国的思念之情，也成为既有东方神韵又符合西方审美价值的一项体育运动，由此印证了中华民族传统体育是世界各民族文明的一部分，具有共性文化的表征，是文化交流的切入点之一。龙舟竞渡，成为实现相互沟通和理解的最直接的办法。

一、国际龙舟运动概况

1976 年，在香港渔业总会会长黎国驹先生的提议下，香港旅游协会和香港渔业协会举办了第一届国际龙舟邀请赛，这是世界上第一个国际龙舟赛。尽管只有日本一支外国队参赛，但这次比赛成为龙舟运动国际化、竞技化发展的开端，被载入了史册。这次国际比赛的影响力和辐射作用是巨大的，让参加比赛的各国龙舟选手以及海外的华侨华人对龙舟运动喜爱有加，他们把龙舟运动技术带到了世界各地，成为龙舟运动的传播者、比赛的主办者、龙文化的推广者。此后，陆续有马来西亚、新加坡、泰国、印度尼西亚、英国、德国、意大利、美国、加拿大、澳大利亚、新西兰、南非，以及中国的澳门和台湾等全世界五大洲的国家和地区，举办了各种国际龙舟赛事，有的逐渐成为与香港国际龙舟邀请赛一样每年都举办的、有影响力的传统龙舟赛事。这些赛事大大推动了龙舟运动的国际化、竞技化发展进程。

1991 年，在香港国际龙舟赛举办期间，成立了国际龙舟联合会筹备委员会。1991 年 6 月 24 日，国际龙舟联合会在香港正式成立。成立大会上，时任中国龙舟协会主席、国家体委副主任路金栋当选为名誉主席。2001 年，国际龙舟联合会秘书处由香港移至北京。中国作为龙舟运动宗主国的地位和作用愈来愈凸显。

2007 年 4 月 27 日，国际单项体育联合会总会代表大会在北京召开，会议同时表决同意国际龙舟联合会为国际单项体育联合会总会的正式成员，这也代表着龙舟这个项目在国际上获得更广泛的认同和支持。国际龙舟联合会大量地吸收会员协会，已经发展到了 80 多个国家和地区。其间还有一段插曲：实际上，国际单项体育联合会一直对"龙舟"与"皮划艇"存在争议，最终，国际龙舟联合会和国际皮划艇联合会友好地解决彼此的纷争，在一份双方的备忘录中写道："1995 至 1997 年期间，第一届世界龙舟锦标赛于 1995 年在中国岳阳举办。国际龙联的成员发展到 5 大洲的 30 个成员。国际龙联第一次申请国际奥委会的承认和加入世界体育大会。第二届世界龙舟锦标赛于 1997 年在中国香港举办。1999 年国际龙联申请加入国际单项体育联合会。第三届世界龙舟锦标赛在诺丁汉举行。国际龙联已拥有来自 5 大洲的协会会员。会议期间中国上海成功申办第五届世界龙舟锦标赛……尽管国际皮划艇联合会自称为龙舟的国际联合会，但是国际龙舟联合会仍然是被世界单项体育联合会认可的实际龙舟运动管理机构。"龙舟运动终于以其自身固有的影响力征服了世界。

经过二三十年的运作，中国在国际龙舟界的影响力随着中国龙舟运动的普及和开展水平的提高而得到扩大，地位和威信得到大幅度的提升，在国际龙舟事务中愈来愈起到举足轻重的作用。

二、国际龙舟组织

（一）国际龙舟联合会

国际龙舟联合会（International Dragon Boat Federation，IDBF）简称国

际龙联，于 1991 年 6 月 24 日在香港成立。成员有来自澳大利亚、英国、印度尼西亚、意大利、马来西亚、挪威、菲律宾、新加坡、美国以及中国大陆、台湾和香港等国家和地区的龙舟协会共 85 个。麦克哈森莱姆当选首任秘书长，秘书处设在香港（2001 年移至北京）。

国际龙舟联合会的成立，旨在保护和维持龙舟运动的历史和宗教传统，促进世界范围内龙舟竞赛的推广和发展，确保遵循国际龙舟联合会的比赛规则，鼓励国际龙舟赛事的组织者对其所有成员俱乐部开放，维护竞赛精神，积极吸收成员。国际龙舟联合会不仅对国际竞技龙舟拥有管辖权，同时也对亚洲、非洲、美洲和大洋洲的传统划船比赛具有指导作用。国际龙舟联合会无权干涉纯属各个国家或地区龙舟协会内部的事务，其成员协会享有完全的自主权。国际龙舟联合会的正式会员须在该国或地区拥有大多数龙舟俱乐部或队伍，并被该国或地区体育总会承认其作为独立体育管理组织的地位，其章程与国际龙舟联合会保持一致，并承诺遵守国际龙舟联合会的章程和比赛规则。

国际龙舟联合会的管理机构包括会员代表大会和理事会。会员代表大会是国际龙舟联合会的最高权力机构，通常每两年在世界龙舟锦标赛举办期间在赛事举办地召开一次普通代表大会。理事会由执行委员会、洲际代表、各专项委员会主席组成。

理事会的职责包括：确保会员代表大会决议的实施；确保国际龙舟联合会组织和授权的赛事保持一定的水准；监控国际龙舟联合会的章程、细则、比赛规程和规则的执行情况；根据各专项委员会主席的提议，与有关的管辖协会协商后，任命各专项委员会成员；根据章程批准比赛规程和规则。

执行委员会负责国际龙舟联合会的日常事务，执行委员会职责包括：确保由一位主席或会员代表国际龙舟联合会；确保将国际龙舟联合会的信息传达给会员；准备并发布代表大会会议通知；负责国际龙舟联合会行政和财务管理；对在

国际龙舟联合会会徽

国际赛事中违反竞赛规程和比赛规则、拒绝服从指挥、行为或言语不当的俱乐部官员或参赛选手施以处罚；对国际龙舟联合会章程、细则、竞赛规程和比赛规则拥有解释权和最终裁决权。

国际龙舟运动的相关定义：

按照制作龙舟的材料来划分：木龙舟、玻璃钢龙舟、复合材料龙舟。

按照大小来划分：标准龙舟及小龙舟。标准龙舟上舟运动员为 22～23 人，其中划手 20 名，鼓手 1 名，舵手 1 名；如按照某些地方的传统需要再设立锣手 1 名。小龙舟上舟运动员为 12 名，其中划手 10 名，鼓手 1 名，舵手 1 名。

按照传统来划分：根据区域民俗特点不同，龙舟造型在头尾设计方面包括凤舟、象牙舟、龟舟、虎头舟、牛头舟、天鹅舟、蛇舟等形状均可保留原有规格和名称，但只要是类似划龙舟动作，均可统称为龙舟运动。

国际上著名赛事：

国际龙舟联合会为其承认的各国或地区的代表队举行世界锦标赛。在单数年举办世界龙舟锦标赛，在双数年举办世界龙舟俱乐部锦标赛。

世界龙舟锦标赛只限国家龙舟队参加，每一国家的所有参赛队伍合称为"国家队"。比赛必须至少有六支国际龙舟联合会正式会员的国家队伍参加，方可举办。

世界龙舟俱乐部锦标赛只限代表龙舟俱乐部的赛队参加。赛队必须以俱乐部名义、着俱乐部服饰参赛，不得享有国家队地位。比赛必须至少有六支国际龙舟联合会正式会员或基本会员的俱乐部赛队参加，方有资格将比赛级别定为锦标赛。

国际龙舟联合会下设洲际龙舟联合会，每个联合会每两年举办一届洲际锦标赛。亚洲龙舟锦标赛、欧洲龙舟锦标赛举办时间均为双数年。

附录

国际龙舟联合会成员（截至 2015 年）

国家（地区）	协会组织	入会时间（年）
中国香港	香港龙舟协会	1991
中国	中国龙舟协会	
中国台北	中华台北龙舟协会	
英国	大不列颠英国龙舟赛协会	

（续上表）

国家（地区）	协会组织	入会时间（年）
意大利	意大利龙舟联合会	1991
马来西亚	马来西亚龙舟协会	
澳大利亚	澳大利亚龙舟联盟	
挪威	挪威龙舟协会	
新加坡	新加坡龙舟协会	
菲律宾	菲律宾龙舟联合会	
美国	美国龙船联合会	
印度尼西亚	印度尼西亚划船和皮划艇协会	
芬兰	芬兰龙舟协会	1992
瑞典	瑞典龙舟协会	
新西兰	新西兰龙船协会	
日本	日本龙舟协会	
孟加拉国	孟加拉国划船联合会	
缅甸	缅甸划艇联合会	1993
德国	德国龙舟协会	
加拿大	加拿大龙舟协会	
丹麦	丹麦龙舟协会	1994
南非	南非龙船协会	1995
瑞士	瑞士龙舟联合会	1996
法国	法国龙舟联合会	1998
葡萄牙	葡萄牙龙舟协会	
波兰	波兰龙舟联合会	1999
荷兰	荷兰龙舟联合会	
匈牙利	匈牙利龙舟联合会	
俄罗斯	俄罗斯桨叶运动协会	2001
中国澳门	中国澳门龙船协会	
韩国	韩国龙舟协会	
捷克共和国	捷克龙舟协会	

（续上表）

国家（地区）	协会组织	入会时间（年）
乌克兰	乌克兰龙舟联合会	2004
索马里	索马里龙舟联合会	
比利时	比利时龙舟协会	
牙买加	牙买加龙舟协会	2005
阿拉伯联合酋长国	阿联酋龙舟协会	
奥地利	奥地利龙舟协会	
爱尔兰	爱尔兰龙舟协会	
保加利亚	保加利亚龙舟协会	
克罗地亚	克罗地亚龙舟协会	
关岛	关岛龙舟联合会	2006
喀麦隆	喀麦隆水上运动联合会	
智利	智利龙舟联合会	
越南	越南皮划艇、划艇和帆船联合会	
摩尔多瓦	摩尔多瓦龙舟联合会	
斯洛伐克	斯洛伐克龙舟协会	
乌干达	乌干达龙舟联合会	
阿曼	阿曼龙舟俱乐部	
特立尼达和多巴哥	特立尼达和多巴哥龙舟联合会	
西班牙	西班牙龙船协会	2007
塞浦路斯	塞浦路斯龙舟协会	
伊朗	伊朗龙舟协会	
哥斯达黎加	哥斯达黎加冒险和桨体育协会	
印度	印度龙舟联合会	
土耳其	土耳其龙舟联合会	
塞内加尔	塞内加尔传统帆船联合会	
留尼汪岛	留尼汪岛龙舟协会	

（续上表）

国家（地区）	协会组织	入会时间（年）
巴西	巴西龙舟协会	2009
加纳	加纳漂流和龙舟协会	
立陶宛	立陶宛龙舟协会	
塞尔维亚	塞尔维亚龙舟联合会	
泰国	泰国划船和皮划艇协会	
白俄罗斯	白俄罗斯龙舟联盟	2010
波多黎各	波多黎各龙舟联合会	
文莱	文莱达鲁萨兰国家赛艇协会	2011
毛里求斯	毛里求斯武术、龙、狮子会联合会	
尼日利亚	尼日利亚龙舟和传统船组织	
亚美尼亚	亚美尼亚龙舟运动联合会	2012
法属波利尼西亚	法属波利尼西亚龙舟协会	
瓜德罗普	瓜德罗普岛龙舟协会	
肯尼亚	肯尼亚龙舟联合会	
罗马尼亚	罗马尼亚龙舟联合会	
卡塔尔	卡塔尔龙舟协会	2013
爱沙尼亚	爱沙尼亚龙舟协会	2015

（二）亚洲龙舟联合会

在国际龙舟联合会已经成立的前提下，建立一个与之相应的亚洲级龙舟组织是顺理成章的。1992 年 8 月 23 日，这个有 11 家会员协会的洲际龙舟组织正式成立，名称为亚洲龙舟联合会（Asian Dragon Boat Federation，ADBF）。发起的国家和地区有日本、中国、马来西亚、新加坡、中国台湾、中国香港、中国澳门、泰国等。在成立大会上与会代表选举了联合会领导机构成员，并同意将亚洲龙舟联合会秘书处设立在中国北京。刘吉被推选为亚洲龙舟联合会的首任主席。2012 年，亚洲龙舟联合会的总部落户中国佛山。

亚洲龙舟联合会的权限为管辖龙舟竞赛运动。它在国际龙舟联合会的

亚洲龙舟联合会会徽

指导下，在亚洲和大洋洲地区独立而有组织地发展龙舟运动。亚洲龙舟联合会的宗旨和目的如下：

（1）维护和保持龙舟竞渡的亚洲和大洋洲文化、历史和宗教之传统。

（2）作为一种体育运动在亚洲促进和发展龙舟竞渡，包括传统龙舟的竞渡运动，并推进无龙舟竞渡的国家和地区发展这一运动和建立龙舟协会。

（3）保证亚洲锦标赛实施适合于龙舟竞渡运动发展的比赛规则。

（4）制定竞赛日程。在亚洲和大洋洲地区举办向所有会员协会开放的锦标赛和国际比赛。

（5）举办向所有会员协会开放的教练员和裁判员训练班。

（6）应邀协助在本地区所有的龙舟比赛、会议及其他有关的活动。

（7）根据会员协会的建议，向国际龙舟联合会提出议案，以改进龙舟竞渡运动。

（8）收集会员协会信息和在会员协会之间交流关于龙舟比赛的情况，以鼓励龙舟竞渡的普及和发展。

亚洲龙舟联合会不许有政治、宗教或种族歧视，亚洲锦标赛只在那些保证所有会员协会均可参加的国家和地区举办。亚洲龙舟联合会不得介入纯属国家或地区性的问题。它须允许其会员协会行使自治权。

从 1994 年开始，亚洲龙舟联合会每两年举办一次亚洲锦标赛。

亚太地区著名的龙舟赛事有：香港国际龙舟邀请赛、澳门国际龙舟邀请赛、槟城（马来西亚）龙舟邀请赛、泰国天鹅舟国际邀请赛、日本国际龙舟锦标赛、悉尼国际龙舟邀请赛、加拿大多伦多国际龙舟邀请赛等。

在亚洲，龙舟运动迈向奥运的步子走得较快，亚洲龙舟联合会作为独立的体育运动组织管理机构被亚洲奥林匹克运动理事会所承认。这也意味着，龙舟运动是亚洲所有综合运动会中的正式比赛项目。

（三）欧洲龙舟联合会

欧洲龙舟联合会（European Dragon Boat Federation，EDBF）于 1990 年 5 月 15 日在比利时梅赫伦的 Hazewinkle 水上运动中心举行的创始会员大会

欧洲龙舟联合会会徽

上正式组建。欧洲国家的代表出席了会议，荷兰、意大利、瑞典、英国和德国是创始会员，大会通过了丹麦、芬兰、挪威和瑞士拟议的欧洲龙舟联合会章程。来自比利时、匈牙利、爱尔兰、波兰和葡萄牙的代表也一致同意。

欧洲龙舟联合会的作用是在开发现代龙舟赛运动中，确保龙舟比赛保持传统，并保持运动和娱乐，让尽可能多的人享受各种运动和娱乐。欧洲龙舟联合会旨在简化比赛的规则和条例，减少官方的干预。

欧洲龙舟联合会的理念是，龙舟是非常有趣和非常适合社交的运动，基层和教育部门应该考虑到这一点，从而保证让一般身体健全者或残疾人都能享受到运动的快乐。

欧洲龙舟联合会章程所规定的正式条款，连同"细则""竞赛条例"和"竞赛规则"等，旨在创建一个组织，对龙舟的文化背景和传统以及社会方面加以保护，使龙舟赛的竞争优势得到加强。因此，欧洲龙舟联合会的目的是在欧洲建立一个国际组织，保障龙舟的普及和推广，保护和管理其成员与其他组织的利益。

欧洲龙舟联合会会员有：亚美尼亚、奥地利、白俄罗斯、比利时、克罗地亚、塞浦路斯、捷克共和国、丹麦、爱沙尼亚、芬兰、法国、德国、英国、希腊、匈牙利、爱尔兰、以色列、意大利、立陶宛、摩尔多瓦、荷兰、挪威、波兰、葡萄牙、罗马尼亚、俄罗斯、塞尔维亚、斯洛伐克共和国、西班牙、瑞典、瑞士、土耳其、乌克兰。

有趣的是，中国龙舟最早进入欧洲可以追溯到1929年，是前驻香港的一名苏格兰籍军兵，曾见到广州龙舟竞渡，回国的时候在广州定制了一艘龙船。当时《北洋画报》刊登了一篇来自伦敦的《龙舟入英记》短文，作者署名为"鹏"：

上届英伦泰晤士河竞渡大会中，突发现一中国龙船，船首龙头高昂，黑面且巨，船身鳞纹，金碧辉煌，桅上悬红色大旗，上嵌者不类华字，似为释教符箓之文，船上坐华人百数十人，摇桨疾行，而船内锣鼓交作，爆竹连连，尤及喧闹之概，河中船只，莫不惊避，观者皆不知其为何物，至有猜为中国前清废帝乘其特制之船，跨海潜来英京者。实则前驻香港之苏格兰籍军队，曾观广州龙舟竞渡，回国时乃在广州定制此一龙船，今遇竞渡大会，苏兵乔扮华人，乘舟参加盛会焉。

外舰之横行中国境内久矣，不意中国龙船，竟亦得徜徉于泰晤士河内，吾辈窃居异邦者，见之亦足慰情已！

欧洲最早的龙舟赛事始于英国。1980 年 9 月，香港在伦敦中国节上举行了英国历史上第一次龙舟赛。

1985 年 6 月，英国龙舟赛俱乐部成立，这是欧洲第一个在全国范围内组织龙舟赛事的正式组织。在香港旅游协会的帮助下，该俱乐部制造了英国第一艘玻璃钢纤维材料的龙舟。

（四）泛美龙舟联合会

泛美龙舟联合会（Pan American Dragon Boat Federation，PADBF）是泛美地区龙舟赛运动的官方机构。泛美龙舟联合会的目标是成为龙舟运动一般行为的国际组织，并将龙舟赛发展成为美洲地区公认的运动，代表其龙舟协会和团体与美洲其他组织和实体成员的利益。泛美龙舟联合会的使命是促进龙舟运动的健身、竞赛和团队建设的发展和壮大，为龙舟官员、教练、运动员和组织者提供培训、咨询和认证。

泛美龙舟联合会会徽

泛美龙舟联合会由四个区组成：

第Ⅰ区：南美洲；第Ⅱ区：墨西哥、中美洲、安的列斯群岛和百慕大；第Ⅲ区：美国；第Ⅳ区：加拿大。

泛美龙舟联合会现有会员包括阿根廷龙舟总会、波多黎各龙舟联合会、加拿大龙舟联合会、巴西龙舟联合会、美国龙舟联合会及特立尼达和多巴哥龙舟联合会。

各会员协会的会徽：

阿根廷龙舟总会会徽

波多黎各龙舟联合会会徽

加拿大龙舟联合会会徽

巴西龙舟联合会会徽

美国龙舟联合会会徽

特立尼达和多巴哥龙舟联合会会徽

龙舟 DRAGON BOAT

中华才艺系列

（五）大洋洲龙舟协会

大洋洲龙舟协会的机构设在澳大利亚，会员组织目前只有澳大利亚龙舟联盟、新西兰龙船协会、关岛龙舟联合会和法属波利尼西亚龙舟协会四个，尚未单独组织过洲际比赛，在洲际赛事上隶属于亚洲龙舟联合会。

澳大利亚龙舟联盟是国际龙舟联合会的首批会员，也是国际上龙舟组织管理成效显著的一个典范。2010年，澳大利亚龙舟联合会（AusDBF）推出了第一支国家龙舟队——"极光"。从此，"极光"成为澳大利亚国家队的标志。

OCEANIA
DRAGON BOAT FEDERATION

大洋洲龙舟协会会徽

第六章　龙舟的造型

关于古代最初的龙舟造型，《淮南子》所记载的是"龙舟鹢首"，《西南夷风土记》说的是"莽应理僭用金叶龙舟五十艘，中设金花宝座。目把所乘，皆木刻成象头、鱼头、马头、鸭头、鸡头等"。船的形状大致没有什么区别，只是船头不同。福州龙舟还有蟒蛇头、凤凰头、犀牛头、象头、马头、鳌头、公鸡头、虾头、夜叉头……台湾的龙舟，有的画龙，有的画凤，有的龙凤一起画上去。泰国的龙舟，有龙头、凤头，还有虎头。所以龙舟的形状自古以来就不大相同。由于形状不同，划的方法也就不太一样。这样说来，各地的龙舟构造也不太一样，一般而论，大河的龙舟要大些，小溪中就只能用小的船只。试看明清时候所记载不同地方的龙舟造型：叙州府（今四川宜宾）船长三丈左右，底尖面窄，首尾刻上龙形，绘以五彩；浏阳沿河居民刻木为龙首，绑在船头；杭州西湖的龙舟，样子就要华丽得多，长四五丈，头尾高，彩画如龙形，中舱上下两层，首有龙头，尾有蜈蚣旗；广州的大洲（今属番禺区辖），船宽三丈，长五丈，从龙首至尾部，金光夺目；台湾的龙船长五丈多，中央宽四尺五寸，高一尺五寸，用樟木制成，船首有龙头，船尾有龙尾，船身绘有鳞片；扬州的船长十余丈，前面是龙首，中间是龙腹，后面是龙尾，各占一色。扬州船倒是比较像一条龙的样子，但是船长十余丈不仅见于扬州，在水网交织的广东东莞、广西桂林，也时常出现。

龙舟一般分为传统龙和（国际）标准龙。从专门制作的龙形的船，到简单利用日常的舢板、运输船，不一而足。比较富裕的地方，会花巨资打造华丽的龙舟，有记载，清代广东顺德政府，就花了三十年的积蓄，制作巨大的龙船，"高大如海舶"，并在船上"鱼龙百戏"。也有的地方因陋就简，用平时作业的舢板、渔船稍加装扮，就成了"竞渡龙舟"。张建世在《中国的龙舟与竞渡》一书中，将龙舟按功能分为"专职龙舟"和"业余龙舟"两大类。所谓"专职龙舟"是指只作竞渡用，不作他用的龙舟。相反，"业余龙舟"都是用平时的生产用船改装而成，每年竞渡结束后又恢复为生产用船。现代人们生活比较富裕，制作龙舟的资金来源基本不会存在问题，所以用生产用船临时改装的龙舟逐渐少见。

第一节　传统龙舟

我国疆土辽阔、民族众多，各地龙舟的形状各异，活动形式也各具特色。台湾学者文崇一做过调查统计，在《九歌中的水神与华南的龙舟赛神》里显示，全国提到龙舟竞渡的地方志有：湖南省 26 种，湖北省 41 种，广东省 42 种，浙江省和福建省各 16 种，江苏省 36 种，安徽省 8 种，江西省 20 种，四川省 15 种，云南和广西各有 4 种，台湾有 9 种，总共多达 237 种地方志里有这种风俗的记载。我国各地的龙舟竞渡可谓五花八门，各领风骚。传统龙舟又可进一步细分为普通龙舟、造型龙舟、独木龙舟、凤船和龙艇，而且在建造时往往有一定的礼仪。

一、普通龙舟

普通龙舟是在龙舟竞渡中最常见的，这种龙舟最主要的形制特征是船头尖、腰细、尾较窄，船身修长。有三种类型的底部：第一种是 V 形船底，破水性好，触水面积小，能使龙舟的滑动速度更快，但是重心较高，稳定性不好，极容易出现选手落水的情况。第二种是平形船底，是使用最为广泛的龙舟船底，它重心偏低，稳定性强，但是接触水的面积很大，不利于提升龙舟的速度。第三种是 W 形船底，综合了以上两种船底的优点，既保证了平稳性，又提升了破水的力度。现在，W 形船底被广泛应用于新型龙舟上，是国际比赛项目中龙舟的通用船底。划这种龙舟需要的人员较多，一般需 60～80 个队员，而较大的龙舟甚至需要一百多人协力。普通龙舟基本上都是由三部分构成：①船体（包括桨舢或橹）；②龙头、龙尾；③龙舟的装饰。

尾部呈刀状的艄

长短不同的桨

（一）船体

普通龙舟的船体呈梭形，两头窄，中间宽。因普遍是两人一排划桨，所以各地龙舟的宽窄差别不大，一般为 1～1.2 米，个别宽 1.4 米。最大的差别是船的长度，长的可达 30 多米，坐上百人；短的约 10 米，坐十多人。一般来说，船的长短与船员的多少基本成正比，船越长，人越多。有些地方桡手的数量可多可少，有的地方却有严格规定，不能多，也不能少。《武陵竞渡略》记载，船长超过 11 丈的，可坐 80 名桡手，9 丈的可以坐 60 余名桡手，7 丈的则可容纳 40 余名桡手。不同地方采用的普通龙舟长短不一，广州东江水系的"大头狗"龙舟，一般长 23～26 米，每只船共有 27 格座位，规定坐 54 名桡手。广州黄埔区一带，河面较宽，水道较直，其"鸡公头"龙舟长约 33 米，船上桡手 80 人左右。而顺德河湾较多，河道较窄，同样是"鸡公头"龙舟，却要短一些，一般长 16～20 米，个别的长约 23 米，每只船桡手 40～50 人。广东南雄龙船长 21 米，比其他船要宽，达到 2 米，分 18 座舱，可坐 36 名桡手。福建福州市郊区的龙舟，长约 18 米，每只龙舟规定 32 名桡手。江西省高安县筠阳镇的龙舟长 14～16 米，每只龙舟

22～26名桡手。湖南汨罗的龙舟长16～22米，最大的龙舟需桡手48名，最小的24名，一般为32名。四川五通桥现在的龙舟一般长10米，每只船17～18人，其中规定桡手14名。贵州施秉县抚阳河畔现在的龙舟长约14米，船上的桡手16、18、20人不等。

龙舟尾部都有固定的艄。艄一般较大，大多呈刀形，用以掌握方向，能转弯，能掉头，船行时只能头向前。而广东的"鸡公头"龙舟，船头船尾均由人拿着活动的橹掌握方向，船行时不能掉头；需要掉头时，全船的人转身向后，使龙舟尾向前。同时，船头掌橹的人将橹提出水面，而船尾掌橹的人将橹插入水中，掌握方向。桨的形制也不尽相同，其差别主要在桨的长短和桨叶的宽窄。

（二）龙头、龙尾

龙头大多用整木雕成，它的大小、形制各地区别比较大。

1. "大头狗"及"鸡公头"

广东地区最传统的两种龙舟是"大头狗"和"鸡公头"。"大头狗"由杉木制成，龙头大而扁，龙颈很短，不怕水深浪大，即使翻了船也不会沉到水底。与"大头狗"相比，"鸡公头"的龙头长1米左右，小而上翘，为坤甸木所制。由于坤甸木是实木，大浪来时容易沉入江底，因此"鸡公头"一般只在狭窄的河涌中比赛。这两种龙头气势威猛，栩栩如生，头大嘴大，龇牙飞须，有角有耳，集虾眼、鹿角、牛嘴、狗头、鲶须、狮鬃等动物特征于一身。

"大头狗"

"鸡公头"

2. 台湾龙头

台湾北部地区的龙舟龙头，以整块楠木雕刻，龙头昂首望天、气宇灵动，有往前飞的感觉，而且可以让夺旗手双脚稳稳钩住龙角，使整个人伸直趴在龙头上。德国、美国、加拿大、荷兰、南非、日本也都有类似中国台湾的龙舟造型。

台湾龙舟龙头

南非龙舟龙头

3. 宽头龙头

福建莆田的龙舟龙头，是用与船身连在一起的船底板，上面画上龙头图案制作而成。这是全国独一无二的宽头龙头，龙头上所画的图腾多种多样，有的画着龙头，有的画着太阳，有的画着龙面，有的画着八卦，有的画着"王"字，每种图腾都代表着不同的含义。当然也有挂上龙头的，其船板向上逐渐修窄作为龙颈。

福建莆田兴化龙舟龙头

福建莆田白塘龙舟龙头

4. 长舌龙舟

江西省赣州市章贡区水西村的龙舟龙头，伸出长长的舌头，舌尖舔着龙珠，样子夸张。有的龙舟为了稳定前置的龙头，添加了一对前伸的龙须，紧紧牵引着龙珠。

长舌龙舟

苗族牛角龙头

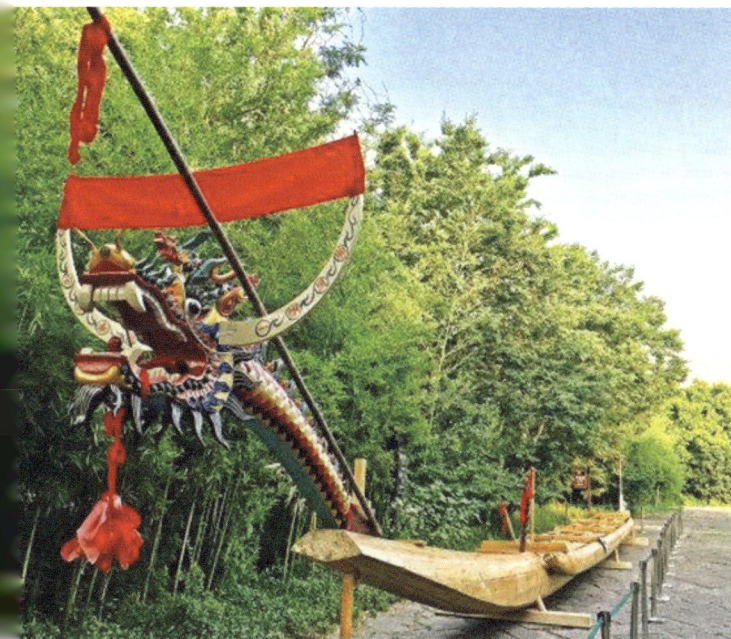

苗族龙舟龙头

5. 牛角龙头

贵州施秉县清水江的龙头，用水柳木雕刻而成，重达一两百斤，上涂金、银、红、绿、白各色，龙头昂首向天，龙嘴适度张开，上颚略长；刻有门牙七齿，左右各一齿稍长，俗谓獠牙。上下牙对称，白齿红眼。腔内龙舌上卷，舌上雕有一圆珠，意为"龙口含珠"。下腔外两侧各刻有龙须三条，呈锯齿状，颚前亦有一长须。龙鼻突出，刻有鼻孔，鼻尖上镶嵌着小圆镜一面，闪闪发光，用以避邪。龙目圆睁，眼珠凸出，珠内各嵌一小圆镜，炯炯有神。额顶部外加装饰性木雕，有的为一只八哥鸟，取其与水牛常伴之意；有的为一尾鲤鱼或一只甲鱼，寓意为当年龙公龙母逃跑时，鱼、鳖去迎接他们；有的为一只催米虫或冬蝉，有催庄稼早熟的意思。头顶雕有龙角一对，左右分置，向后倒伏。苗族龙舟的龙头，与其他民族龙头的不同点在于其头、颈衔接处还装有一对弯弯的龙角，酷似水牛角，两角张开；龙颈上还有十多个木齿，以备亲戚挂礼物。

6. 象牙龙头

西双版纳傣族龙舟的龙头，特点是在龙嘴前方伸出长长的几根大象牙似的长牙，有着自己民族很鲜明的特色。舟首部位是由象征传统中国龙头的形状，以及向外延伸的象牙两部分组成，其中象征龙头的这一部分嵌入舟身最前端两侧，象牙延伸在舟体外面。龙头的左右两侧都有两根长长的象牙向前伸出。龙头、龙尾上有部分鳞片，涂上了金、银、红、白、绿、粉各色，用镶嵌在龙头、龙尾上的镜片象征龙头上的眼睛以及孔雀尾羽上的花纹。

除木雕龙头外，四川省五通桥还有用纸扎的龙头、龙尾（用篾条做骨架）；浙江杭州市五常乡金家塘村的龙头用纱布做成，称为"乌龙头"，每年做一次，龙舟竞渡之后烧掉；浙江宁波市鄞州区的龙头、龙尾都是画在船上；云南大理海东区的龙舟有的是在船头画上双龙抢宝的图案；台湾台北县松山的龙舟"只是在船的两边画上一对彩色的龙凤"；还有的地方是将龙头刻在船上。

各地龙舟的龙头形状不胜枚举，不再一一赘述。

傣族龙舟龙头

用竹根制作的揭阳龙尾

广东龙舟的"鱼尾"

苗族龙舟龙尾

7. 龙尾

与龙头一样，龙尾大多也是用整木雕成，刻满鳞甲。各地虽然也有一定的差别，但它不是龙舟的主要标志，显得不那么重要。或许是受"神龙见首不见尾"典故的影响，有的地方的龙舟龙尾比较简单，用两块画有花纹的木板，在船尾一边插一块即可，有些地方的龙舟甚至只有龙头，没有龙尾。

江西高安县龙舟呈扁长的梭形，龙尾是由两块约1米长的木板合起来的，画上龙鳞即成。临川县的龙舟形似野鸭，故龙尾固定在船上，长1.64米，用三块杉木板钉成，底板宽0.09米，两边板（宽约0.15米）呈八字形向外张开。靖安县的龙尾用整块樟木雕成，长3.26米。各地的龙舟龙尾均有自己的特色。

大部分地区的龙舟龙尾是鱼尾，如广东"大头狗"龙舟就是这样。少数民族地区的龙尾要协调一些，苗族龙舟龙尾是一条结实有力、向上卷起的尾巴。傣族龙舟龙尾包括两部分，一部分是象征传统中国龙的龙尾，一部分是代表孔雀尾羽，每一侧舟舷都有三根孔雀尾羽，分别嵌在舟身的最后端两侧。从傣族龙舟龙头、龙尾的形状和雕刻花纹上，可以看到大象牙和孔雀尾的样子。

傣族龙舟龙尾

插上竹枝的龙尾

（三）龙舟的装饰

龙舟的装饰指龙头、龙尾以外的东西，包括旗帜，船体上的绘画，以及锣、鼓、神位等。过去台湾的龙舟还在铜锣上写"水仙尊王"。龙头前的红色三角旗为"龙舌"，龙头上悬一面红布长旗，书"四时无灾""八节有庆""国泰民安""风调雨顺"等字句，为"龙目"。龙尾上的红色三角旗长达七尺，上书"水仙尊王"及竞赛单位名称，叫作"尾送旗"，此旗在竞赛后就收藏起来。

现在的长条形龙头旗、龙尾旗多为红色，无装饰，少数绣有一些花草和文字。龙头、龙尾的三角旗，每条船前后各一面，上面有的绣图案，有的写字。如顺德鹿门康帅府的三角形龙尾旗，上方绣有一鹰，中部为一太阳，下方为一熊，称为鹰熊伴日旗；还有的地方的龙尾旗为黑色，上有七个白色的圈，称为七星旗。帅旗即标志旗，多为长方形，如顺德鹿门康帅府的每条龙舟上有1~2面鹿门康帅府的双面帅旗，一面绣有双龙，一面绣有双凤，正中均绣"帅"字，上方绣"鹿门"二字。罗伞的数量多少没定制，有的一两顶，有的三四顶，多的可达十顶。

不少地方龙舟的装饰没有这么复杂，要简单一些。湖南汨罗的龙舟，船上前后部各交叉插有两面三角形彩旗并用彩旗绳固定。彩旗绳一端拴在船头，呈弧形经船前部彩旗交叉处，再捆在船中部木杆上，然后又呈弧形经船后部彩旗交叉处，再捆在船尾。此外，船中部木杆上还挂一长方形的姓氏旗。福建省福州市浦下大队的龙舟，船上有一鼓一锣和几面神旗，一般为一两面，多的可达五六面。神旗为三角旗，多黄色、红色或白色，每面神旗上写有（或绣有）一个神庙的名称。福建省漳州南溪的龙舟"船头竖立大旗，旗面绣龙、马九爷诸神的像和船主的姓。船舱上安置香案桌，香案桌之前，是挂彩和吊灯"。

龙头的三角旗

龙舟

中华才艺系列

DRAGON BOAT

　　还有不少地方的龙舟除龙头、龙尾及锣鼓外，基本上不装饰或很少装饰，江西省高安县、贵州清水河畔的苗族龙舟就是这样。总的说来，龙舟上的装饰各地差别很大，很难找出共同的、规律性的东西。

　　广东的龙舟装饰比较华丽，平常龙舟游乡时，一般都要插上罗伞、三角旗、帅旗等，中部有一神楼、一大鼓、一铜锣。

广州猎德村龙舟

广东龙舟上的各种装饰

锣、鼓

舟

龙舟

中华才艺系列

DRAGON BOAT

　　神楼为木头做成，似神庙，高1米左右，有的简化为一木盒（上贴红纸，纸上写有"神"字），象征性地表示本村的神（社）庙在船上。龙舟出发前需要请来庙里的神像安放在船上，保佑龙舟一路平安，举放神位的人则称为陪神。陪神还负责保护神像的安全。陪神需要根据本村供奉的神的形象来装扮自己。在广州，珠村供奉北帝，就扮成"北帝相"；庙头村供奉洪圣王，就扮成"南海神王相"；宦溪村、莲溪村供奉齐天大圣，就扮成"孙悟空相"；有些村落供奉吕洞宾，就扮成

神楼

"吕洞宾相"。整个龙舟活动结束后，又重新把船上的各神灵请回各自安奉的庙堂还神。

　　龙舟的船头船尾还各有一木板做成的龙牌，形似芭蕉扇，多涂成红色或褐色，上写有或刻有船名。

　　龙舟上要打出本村的标志旗，这面旗即帅旗。帅旗各村不同，有的是三角旗，有的是百足旗；旗颜色也不尽相同，或为红色，或为黄色，或为黑色，或为彩色。在龙舟上插上代表本村落本氏族的标志旗，让人们远远就能分辨出这是哪个村哪个族的龙舟。

盐步老龙的神楼、龙牌和鼓

龙牌

罗伞又叫华盖，是龙舟中装饰最为复杂华丽的标志物。上顶金葫芦，下撑大茅竹，罗伞主体材质为软缎布，外绣有双龙、麒麟、八仙等广绣图案，配以兔绒毛、钉星镜、五彩网穗等材质装饰，在阳光下闪闪发光，五彩摇曳。直径约 0.8 米、高 1.2 米的圆筒形，用一根高 2.5 米的竹竿撑起。帅旗是龙舟番号的标识，罗伞则是彰显一条龙舟身份地位的符号。在等级森严的中国古代，罗伞是帝王将相权势的象征，伞的用料、色彩、尺寸就像官员头上的乌纱一样，是身份尊卑的一种标志。其中红黄二色是官府专用，民间多为青色。罗伞的主色调可以体现出下面神斗内所供奉的神，一般绿色是关帝、黑色是北帝、白色是观音等。此外，红色代表吉祥，黄色代表皇气等。罗伞上还会绣有"风调雨顺""国泰民安"等字样，表达民众的美好祝愿。

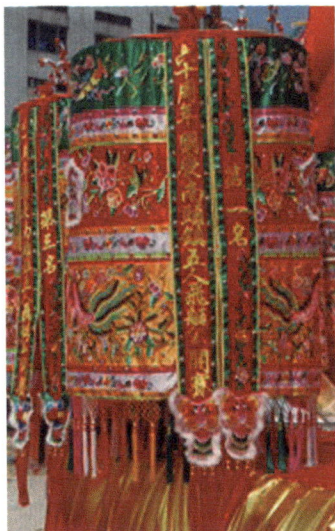

罗伞

龙头旗、龙尾旗分长条形和三角形两种。长条旗龙头龙尾各两面，游龙时一般不可缺少，往往还在旗顶端捆上一绿树枝（采青）。

帅旗

船头船尾的长条旗

舟

龙舟
DRAGON BOAT

中华才艺系列

广东揭阳传统龙舟船体上的彩绘，龙颈正中画八卦，寓意辟除水中鬼魅。上端和两侧画鳞片与龙身相连，一直至尾部。龙身两侧有对称的图案，前部分是"双龙抢宝"，后部分是"丹凤朝阳"。前龙后凤，表示龙凤和鸣，有和谐吉庆之意。中间是"八宝"，即传说中八仙所执之宝器：以扇子代表汉钟离，能起死回生；以宝剑代表吕洞宾，可镇邪驱魔；以葫芦和拐杖代表铁拐李，可救济众生；以阴阳板代表曹国舅，可净化环境；以花篮代表蓝采和，能广通神明；以渔鼓代表张果老，能占卜人生；以笛子代表韩湘子，使万物滋生；以荷花代表何仙姑，能修身养性。宝器之间各有祥云一朵，个别附有双金钱或金元宝等，都是祛邪纳福的祥瑞之物。

老龙头

八卦

双龙抢宝

双金钱

葫芦、拐杖

宝剑

芭蕉扇

渔鼓

阴阳板

花篮

荷花

笛子

祥云

丹凤朝阳

二、造型龙舟

造型龙舟是指专门用作观赏游览的龙舟，这些龙舟往往较大，不进行速度比赛和游乡，船上的装饰特别复杂，有的船上甚至还能演戏等。清李斗《扬州画舫录》载："船长十余丈，前为龙首，中为龙腹，后为龙尾，各占一色，四角枋柱，扬旌曳旗……有独占鳌头、红孩儿拜观音、指日高升、杨妃春睡诸戏。"宋吴自牧《梦粱录》也有近似的记载："龙舟六只，戏于湖中。其舟俱装十太尉、七圣、二郎神、神鬼、快行、锦体浪子、黄胖，杂以鲜色旗伞、花篮、闹竿、鼓吹之类。"

署名为唐代李昭道的国画《龙舟竞渡图》，姑且不论作者的真伪，但它里面的内容，就有一龙一凤（鹢）两艘观赏性的造型龙舟。其中龙舟的龙头高昂，硕大有神，雕镂精美，龙尾高卷，龙身还有数层重檐楼阁。

托名宋代张择端的作品《西湖争标图》、元代王振鹏的作品《金明池龙舟图》画的就是史上装饰华丽的造型龙舟，这与宋代孟元老《东京梦华录》里面所写的"大龙船"异常吻合：大龙船长三四十丈，阔三四丈，船头至船尾的龙鳞和鬣毛，都是经过雕镂并配以金饰，楻板都退去，在船的两边排列十间阁子，供妃嫔休息，中间设有天子御座且安有龙水屏风。楻板到船底深达数尺，船底上密密地排列着铁铸的大钱，样子就像桌面那么大，以此来压重，这样才能使大龙船不发生倾斜。大龙船上有层楼、馆阁和曲折的栏杆，上面也安设了御座。龙头上有人在挥舞旗帜，龙船两边水棚各排列着六支船桨，随旗帜的指挥整齐地划行，大龙船疾速前进，宛如在水面飞腾。

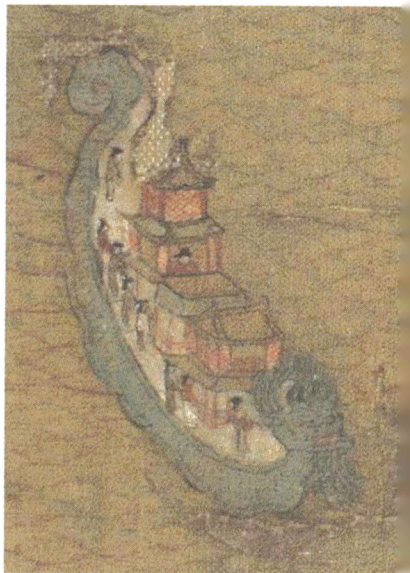

三层龙舟

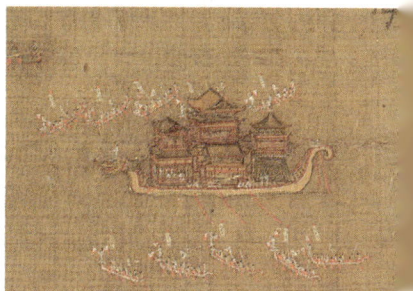

宋张择端《西湖争标图》局部

元王振鹏《金明池龙舟图》局部

清末记述时事的画报上刊载的造型龙舟，有双层塔楼，上布彩旗、罗伞等。

21世纪初，东莞麻涌造出了超大的造型龙舟"冠杰飞龙"号，它由四艘传统龙舟拼装而成，长62.8米，能坐200人，160个桨位。龙头长1.3米，直径0.68米。有上下两层，上层配有用来观赏和表演的戏台，趁景时，可见舞狮和各种器乐表演。

浙江杭州市余杭区蒋村乡的"满天幛"龙舟长8.5米左右，装有木雕龙头、龙尾。龙头上停有一只木雕金鸡（有人称为凤凰），龙尾上有一木雕蜈蚣。人们认为鸡和蜈蚣能保护天上的龙王，使

清金桂绘造型龙舟

其下雨顺利。在龙头后有一个古装木俑，手拿令旗称为太子。船上有房屋（称为龙宫）、牌楼。船两边分别插有红、绿、黑、白四种颜色的三角小旗，旗上一般绣《三国演义》《封神榜》《西游记》里的人物或故事。船上还插1面虎道旗（绣有老虎的长方形小旗）、1面帅旗（绣有"帅"字）、2面龙旗（绣有龙的图案），整条船装饰用旗共约39面。另外，船上还插有大大小小13把"凉伞"（与广东的"罗伞"相似）和18般兵器（每样一件）。"满天装"龙舟虽不太长，但装饰繁复，很有特色，在龙舟集会时供人观赏。被列入国家级非物质文化遗产的上海罗店划龙船习俗中，亦有专门用于观赏的造型龙舟。

有些造型龙舟是从普通龙舟分化出来的。广州地区装饰复杂的"鸡公头"龙舟，在游龙、集会时，装饰上罗伞、旗帜等，也是相当漂亮的一种造型，但在速度比赛时，一般均把罗伞、旗帜收起来，以减少阻力。而其他许多地方（如湖南汨罗、福建漳州等）的普通龙舟插上旗帜等装饰物，同样具有造型的因素。当这种观赏的因素充分发展，并独立出来后，就出现了以观赏、游览为主的造型龙舟。

东莞麻涌的"冠杰飞龙"号龙舟

三、独木龙舟

据《三黄辅图》记载，独木龙舟早在汉代的宫苑就出现了，汉成帝秋天的时候经常和赵飞燕在太液池泛舟戏耍，以沙棠木为舟，以云母装饰鹢首，一名"云舟"，又刻"大桐木为虬龙，雕饰如真，夹云舟而行"。就是用大桐木雕刻成虬龙的样子，伴在云舟一侧。有称为"泥鳅"的单人独木龙舟，"又有鳅鱼船两只，止容一人撑划，乃独木为之也"。可以从王振鹏《金明池龙舟图》中见到它的真容。吴越也见有"船凿长木为槽"的独木龙舟风俗，出现在宋元时期杭州西湖上，元王恽撰《秋涧集》卷二十一《竞渡诗并引》："予前年客福唐寓舍，在西湖上，问俗自四月中为龙船戏，船凿长木为槽，

杭州满天幛龙舟

罗店造型龙舟

首尾鳞鬣，皆作龙形，以五彩妆，绘漆鬃其腹，取其泽也。上坐五六十人，人一棹，江面对翻，并进如箭，铙歌鼓吹，自明竟夕，殊喧哗也。大率争取头标，以为剧戏。"

贵州黔东南苗族侗族自治州的苗族独木龙舟，是最古老、最具特色的

龙舟。清徐家干《苗疆闻见录》记载："苗民好斗龙舟，岁以五月二十日为端节，竞渡于清水江宽深之处。其舟以大整木刳成，长五六丈，前安龙头，后置凤尾，中能容二三十人。短桡激水，行走如飞。"独木龙舟是苗族的图腾文化，有一套严肃的民俗仪规和禁忌程序，从起源传说、采木凿舟、下水竞渡、划桨人的姿势和装束到龙舟的存放等处处体现出苗族古老而神秘的文化气息。苗族的龙舟，是将三根粗大完整的杉树挖成槽形，中间一根长的为母船，两侧的长木为子船，竞渡时将它们并排捆扎在一起，再配以龙头，即成为龙舟。这种龙舟虽与原始的由一根独木做成的龙舟有区别，但仍是由独木构成，所以也可称为独木龙舟。

施秉县苗族打造的"中华苗族第一龙"独木龙舟，被吉尼斯世界纪录确认为世界最长木龙舟。其全长76米，宽2.5米，其中，龙身66米，龙头、龙尾各5米；桡片160支，桨手160人，舵手、鼓手、锣手和火铳手20人，共180人。2016年5月28日在施秉县城举行隆重的龙舟下水仪式，千名壮汉抬着龙舟沿街区游行。

鳅鱼船

施秉"最长木龙舟"吉尼斯世界纪录证书

中华苗族第一龙

四、凤船

与春节有舞龙也有舞凤一样，端午也有龙舟和凤舟。凤舟源于远古的鸟舟、鹢舟。联合国考古队 2003 年在撒马尔罕古城的大使厅，发现一幅大唐时期歌颂唐高宗和武则天的壁画，壁画中的唐高宗在上林苑猎豹，武则天则在荷花池划龙舟。龙舟之首，据考古推测是鹰头，"中亚龙"的形象就是鹰头狮身。这是在丝绸之路上发现的由外国人描绘的唐代龙舟形象。

武则天荷花池划龙舟

"中亚龙"象牙雕

民间保留的鸟舟竞渡的传统，因为后来龙舟竞渡的壮大而被边缘化，但仍有一些地区延续着凤舟竞渡的传统。例如湖北洪湖的凤舟竞渡，现在还在端午期间举行。四川广元的凤舟竞渡，配合着女儿节还在传承，其实也是古老的鸟舟竞渡的遗存。广东揭阳的凤舟竞渡，杭州蒋村的凤舟竞渡，以及福建地区的凤舟竞渡，都是鸟舟竞渡的文化遗存。鸟舟、鹢舟偕同龙舟竞渡，由来已久。唐李绅撰《追昔游集》卷中《东武亭》载：

兰鹢对飞渔棹急，彩虹翻影海旗摇。
斗疑斑虎归三岛，散作游龙上九霄。

宋强至撰《祠部集》卷六《竞渡》，描述的是凤舟与龙舟同时出击的场面：

画鹢追风千楫动，锦标翻日万人呼。
骄龙战水争先后，采蜃横川半有无。

二层鹢舟

浙江的东阳，自古以来也有专门赛凤舟的，宋朱松撰《韦斋集》卷四《东阳社日泛舟观竞渡》：

谁唤思家客，来为荡桨嬉。
鬓华羞照水，雨意解催诗。
叠鼓飞文鹢，香鬟出短篱。
醉归真梦觉，犹忆湔襟时。

明王慎中撰《遵岩集》卷七《观竞渡作》，远看好似龙舟乍起，渐近才分清原来是凤舟：

急势争时澎湃，平澜击处崔嵬。
正远惊看龙乍起，渐近微分鹢两来。

清代的杭州西湖，端午竞渡的时候也少不了凤船。清汪由敦撰《松泉集》卷一《西湖竞渡词》："中流画鹢镜奁中，五尺珠帘淡容与。"清檀萃《楚庭稗珠录》："龙舟以吊大夫，凤船以奉天后，皆于五日为盛会。庚午之夏，番禺石桥村人醵万金，制凤船，长十丈，阔丈三，首尾高举，两舷垂翼为舒敛，背负殿宇，以奉天后，游各水乡。左右陈百戏，选娈童为之。"清代广东番禺人游凤船，在端午节到来之前，先选定一只大木船，把大船首尾装饰成凤的样子，再在船的两侧装配上能展能收、运动自如的凤翅。在这具凤背上，还搭起亭台，亭台里设有神座。神座两侧，则选出几对少年男女伴着宫嫔击鼓奏乐、侍奉"神灵"。游凤船时，凤船前后配有护船各一艘，护船里经过挑选的强壮的水上居民用粗大缆绳拉着凤船缓缓顺流漂过。凤船前面还有一大型彩船做前导，彩船上戏台高搭，鼓乐喧天，沿途演戏。凤船之后，众多彩船有条不紊地列队随凤船前进。

《清俗志》载：洪湖古镇新堤，元宵踩灯，素以龙灯为先，凤灯紧随。有人据此参奏慈禧：新堤镇"龙踩凤"。慈禧大怒，下旨斩了指挥踩灯者的人头，并规定此后，凤在前，龙在后；凤在上，龙在下。从灯到舟，渐成洪湖内荆河两岸东岸龙舟、西岸凤舟的传统习俗。

1964 年后香港避风塘就出现了用摇橹舢板装上凤头、凤尾的凤艇，1984 年又出现了凤艇赛。这种凤艇艇身稍短，可坐 16 名队员，饰有凤头、凤尾，由女队员竞渡。这的确是一种很好的比赛形式，含龙凤呈祥之意。

有的地方还有龙凤船，《顺德县志》载："大良之龙凤船妙极华丽。"湖南汨罗的龙舟，前装龙头，后置凤尾，凤尾是用长短不一的 5 条或 3 条包有红纸的竹篾编成扇形插于船尾，如雉尾一般，也可称为龙凤船。龙凤船，似乎是龙船与鸟船相融合的产物。苗族也有一些龙舟是由龙头凤尾构成的，而莆田清江的龙舟，在船头上画上龙凤，也算是龙凤舟了。

洪湖凤舟之首

莆田清江的凤舟

莆田清江的龙凤舟

顺德的凤舟凤首

龙 舟

DRAGON BOAT

中华才艺系列

凤首

凤尾

广东揭阳的凤舟

五、龙艇

龙艇或许是龙舟更远古的称呼，古代也称飞凫艇。唐张说撰《张燕公集》卷九《岳州观竞渡》：

> 画作飞凫艇，双双竞拂流。
> 低装山色变，急棹水华浮。
> 土尚三闾俗，江传二女游。
> 齐歌迎孟姥，独舞送阳侯。
> 鼓发南湖溠，标争西驿楼。
> 并驱恒诧速，非畏日光遒。

传统的龙艇分三桡（三人）、五桡（五人）、十三桡（十三人）等几种，艇身轻巧窄小，重在竞划速、竞耐力。这种龙艇原来是水乡地带适合小河涌作业的小船，一般用杉木做成，木质轻盈，浮水性强，没有什么装饰。为防潮防腐，船身都刷有桐油。平时放在艇棚或屋檐下，赛时取下即可用。

广东清远有一种龙艇，叫作"三人燕尾龙舟"。燕尾龙舟又称龙标，三人划艇，尖头，尾部形似燕子尾巴，又叫"燕尾艇"或"禾艇"。舟长 9.3 米，中间宽 55 厘米，艇头宽 28 厘米，艇尾宽 11 厘米，船舷高 25 厘米。由于三人燕尾龙舟比传统的龙舟要小，江河、池塘、山溪，都可作其竞渡赛场。三人燕尾龙舟比赛活动明代已开始盛行，源于当地民众水上竞技活动的娱乐需要和驱鬼习俗的民间信仰，传承至今约有五百年历史。主要分布在清远市原山塘镇、太平镇（今属清新区）和龙塘镇（今属清城区）。

五人龙艇是一种长条形龙艇，艇全长 12.8 米、总重量 60 千克，有利于比赛时快

中山东凤镇永益村的艇棚

三人燕尾龙舟

民国时期中山小榄镇赛龙艇现场

速前行。赛艇由一条"龙根"作为牵引，一块 30 厘米宽的艇底板贯穿全艇，并由"摊水"1 块、"夹根"2 块、"旁舷"2 块等板块构造而成，艇头 15 厘米，艇尾 10 厘米，艇身中间宽 51～54 厘米，并配木桡 5 支作划行工具之用。五桡（五人）的龙艇，五个参赛选手各司其职：坐在艇头的"头工"负责整只艇的带桡、指挥；坐在第二位的谓之"二带桡"，协助"头工"掌握船的方向；第三位

1979 年小榄菊会赛龙艇

谓之"淋头"，其职责是奋力落桡划艇，务求使赛艇快速前进；第四位谓之"戽水"，负责将艇舱内的积水不断地戽干，以减轻艇身的重量，同时也参与划艇；第五位谓之"舡工"，起舵手作用。

第二节　业余龙舟

业余龙舟都是用平时的生产用船装饰而成，因此当地生产用船的形制就是业余龙舟的形制。业余龙舟各地差别较大，装饰也各不相同。大部分地区是将事先备好的龙头、龙尾装在生产用船上就成了龙舟。有时候在船中部还留一桅杆，桅杆顶上插一面写有本单位名称的大旗。潮州的业余龙舟是由挖泥或运载东西的小木船改装的，称"溜仔""涂槽"或"无头曰"，短而宽，没有龙头、龙

饶平"五肚货运"大船

舟 龙 舟

中华才艺系列

DRAGON BOAT

尾，船舷简单涂色。饶平、南澳的彩龙船，则是利用"五肚货运"大船临时装饰上彩，装上特制龙头，用长桨划船，速度虽稍慢，实际上是比参赛者的耐力，另有一番景致，为当地群众所欢迎。

浙江杭州市余杭区蒋村乡的业余龙舟，用长 3 米左右的小木船装饰而成。根据装饰的简繁不同，分为"赤膊"龙舟（又名简装龙舟）和"满天装"龙舟。"赤膊"龙舟最简单的就只装一龙头，故名"赤膊"，装饰稍多一点的，船头船尾各插有两面长条形带花边的小旗，船正中还插有两面绣有"龙"字的彩旗。"满天装"龙舟也是前面讲过的造型龙舟，装上龙头，船两边插满小旗，船正中还有帅旗和凉伞。这两种船的船员都是 16 人，不能多也不能少。

湖南业余龙舟称为"翘划子"，是平日用作捕鱼的划子，也有用来打草的"草划子"。这些"划子"没有龙头，也没有橹状的舵，是将长约 2.6 米的桡片安装在船尾，船员划水用的也是桡片。"翘划子"船长 5～6 米，宽 1.2 米，可载 10 名划手，1 名锣鼓手，1 名舵手，船上一共 12 人。

陕西安康地区的"假龙舟"也是一种业余龙舟，是用航运筏子临时装成的赛舟。

福建泉港的沙格龙舟，是用渔船改装而成，船身涂上龙纹，或是贴上印有龙纹图案的防水彩纸，龙头高昂，胸颈挺拔，精神十足。

不只是国内，在国外有些地方，如日本冲绳县那霸，龙舟也是由作业渔船改装而来。供渔业使用的渔船，一般只有 10 名划手和 1 名舵手。而那霸的龙舟全长 14.5 米，宽 2.1 米，重 2.5 吨，有划手 32 名，锣鼓手 2 名，舵手 2 名，旗手 6 名，共 42 名选手。船身巨大，船头和船尾处分别雕刻有龙头和龙身图案。

日本那霸龙舟

第三节 标准龙舟

标准龙舟是当今国际、国内龙舟比赛所规定采用的形式，船只的长、宽、高以及重量都有统一的要求，划桨的长度，桨叶的长、宽和形状也有明确的标准，以保障竞赛器材的统一。最初的竞赛规格是统一 22 人制（20 名划手，鼓手、舵手各 1 名）。现在逐步发展到增加了 12 人制（10 名划手，鼓手、舵手各 1 名）、5 人制（5 名划手）等项目的比赛。每次国际龙舟赛事，都含有传统龙舟和标准龙舟等项目。

一、木质标准龙舟

国际标准龙舟经历了木质和玻璃钢纤维复合材质的转化过程。龙舟起初并没有统一的制作标准。1985 年，第二届"屈原杯"龙舟赛在湖北宜昌举行，在这一届的比赛中，国家体育总局首次启用木质标准龙舟，设计者是宜昌港务局退休工人王友发。王友发出生于宜昌，曾经做过厨师、水手，后因工作需要学习木工，建造木船。1984 年，第二届"屈原杯"龙舟赛前夕，当时的宜昌市体委委托宜昌 3 家企业设计参赛龙舟，最终，由王友发制作的龙舟模型连同设计图纸一起被送到了国家体育总局，并中选。标准木质龙舟的规格是"龙舟长 15.5 米，宽 1.1 米，载重 3 750 斤"。

设计通过以后，已经 60 多岁的王友发接到了制作标准龙舟的任务。他与 10 多名木工、船工花了一个半月的时间建造了 13 条龙舟，并顺利通过了国家体育总局的验收，中国首批 22 人制标准木质龙舟就此诞生。1985 年 7 月 12 日，第二届"屈原杯"龙舟赛在宜昌举行，标准木质龙舟成功交付使用。此后，国家体育总局将规范龙舟的图纸下发至各省市，固定了龙舟的标准尺寸，这个标准基本上沿用了王友发的设计。

随着社会经济的发展和科学技术的进步，目前国际标准龙舟的制作材料也发生了变化。以前采用的木材又重又硬，影响龙舟速度，保养起来比较麻烦，搬运也困难，还有不够环保等一系列问题。现在制作龙舟的材料基本上都改用玻璃钢或复合材料等，其优点是轻巧，速度快，容易制作和易于保养，生产时间短。

二、复合材料标准龙舟

按照国际龙舟联合会的竞赛规则要求，22 人制标准龙舟的总长为 18.4 米（含龙头、龙尾），允许误差 ±5 厘米；舟长为 15.5 米，允许误差 ±3 厘米；舟宽为 1.1 米（中舱最宽处），允许误差 ±1 厘米。因龙舟制作材料不受限制，龙舟本身重量不设统一标准，但要求同一次赛事使用的所有比赛龙舟最重与最轻的差距不得超过 5 千克（含龙头、龙尾和舵桨）。

舵桨采用固定式，固定装置设在尾舱左侧船体上。舵桨总长 2.5 米，其中桨叶长 75 厘米，桨叶前沿宽 20 厘米，上端宽 16 厘米，弧形斜口延伸 15 厘米，允许误差 ±3 厘米。桨叶的边缘厚度为 0.7～1 厘米。桨杆直径下端 5 厘米，上端 3.5 厘米，桨柄长 15 厘米，直径 3.5 厘米。

划桨长度为 105～130 厘米，其中桨叶长 48 厘米，弧形斜口延伸 12 厘米，距末端 36～48 厘米是桨叶的肩。桨叶前沿最大宽度为 18 厘米，长 12 厘米处宽 16.75 厘米，长 24 厘米处宽 15.4 厘米，长 36 厘米处宽 14.05 厘米，允许误差 ±1 厘米。桨叶的边缘厚度为 0.4～1 厘米。桨杆直径 2.5～3.5 厘米，桨柄长 57～82 厘米。

龙舟（含龙头、龙尾）、舵桨、划桨的制造材料不受限制，但在同一次赛事中，竞赛规程规定由大会统一提供的器材必须用同样材料和相同工艺制造。按国家体育总局审定的最新龙舟竞赛规则举办的龙舟赛，由承办单位提供统一规格的标准龙舟和其他配套装置。划桨可由参赛队自

22 人制标准龙舟

固定式舵桨

尾舱左侧船体上的舵桨固定装置

备，但赛前须经器材检查裁判检查验收，贴上合格字样（防水）标志后方可在比赛中使用。

　　每条龙舟必须配有规格一致的龙头、龙尾、鼓和鼓架。龙头、龙尾的造型可自行设计，但必须与龙舟接口严合。鼓面直径 48 厘米，高度 45 厘米，设在第一划手前面，面对舵手。

固定式舵桨的操作

木质材料的划桨

玻璃钢纤维材料的划桨

龙舟

DRAGON BOAT

中华才艺系列

标准龙头

标准龙尾

鼓手凳和鼓

此外，12 人制标准龙舟在全国比赛中也经常采用，舟总长 12.96 米，舟身长 10.96 米。还推出了舟总长 9.1 米、舟身长 7.1 米，适合 3～7 人比赛的家庭式龙舟，以满足社会大众的需求。

12 人制标准龙舟

3～7 人的家庭式龙舟

第七章　龙舟的制作

随着龙舟习俗的广泛传播，龙舟竞赛的全球化推进，大量的龙舟需求给"夕阳"产业带来了复兴，为龙舟的制作保留了生存空间，传统龙舟的制作工艺和技术在市场的需求变化中得到延续。龙舟的制作，不只是将原木变成船只那么简单，还有一些仪式的过程，民间相信这些仪式能够赋予原木灵性，造出来的船才真正是水中之王、成龙之舟。造型古朴、仪式庄重、意蕴深厚的广东龙舟，其制作技艺具有独特的文化意蕴和工艺价值，2008 年作为"传统技艺"被列入国家级非物质文化遗产名录。我国东南沿海地区民间传统的龙舟制作技艺，仪式上大致接近。少数民族地区龙舟制作的过程则各有特色。

第一节　广东龙舟制作

一、工艺流程

广东东莞市中堂镇、广州番禺上漖、佛山三水、揭阳锡场等地，都保留了完整的传统龙舟制作技艺。以东莞为例，百年来，龙舟的制作从未间断，所制作的龙舟主要分两种：一种是龙首颈部细长像公鸡，船身狭窄修长的龙舟，被称为"鸡公头"；一种是龙头宽胖的龙舟，被称为"大头狗"（也叫"大头龙"）。这两种龙舟均属传统龙舟。而东莞中堂所制造的龙舟以"大头狗"为主，龙头高高翘起，气宇轩昂。龙舟细长，大的龙舟长

28.5米，有28排座，划手56人。其大致结构包括龙头、龙尾、龙骨、龙肠、冚板诸部分。龙舟上还设有其他可活动的部件，如划桨、尾舵、双铜锣、龙舟鼓、龙旗及龙棍等。还会在龙舟的尾部放一小尊神像，在龙舟的最尾端插上一面小龙旗。

东莞龙舟制作的工艺流程包括：起底骨；起底；起水；打水平；转水；做大旁；做横档；做坐板；安龙肠；加固中肠；上桐油灰；抛光；涂清漆；制作安装龙头；安装尾舵等。整个龙舟制作的工序归纳为船底的制作、船两旁的制作、船内的制作和龙头、龙尾的制作及船身的制作五个部分。

中堂龙船厂

（一）船底的制作

1. 起底骨

起底骨也称选龙骨，龙骨就相当于龙舟的脊椎，贯穿整条龙舟，是龙舟的核心部位。龙骨的强度和弯度决定着龙舟结实的程度和弧度，龙骨正、直，龙舟就能安全滑行。选好木材是制作龙舟的关键，一般都是由师傅亲自选龙骨，要选用干透了的垂直的大杉树做底骨。从木头的一端一眼望过去要直，而且还要轻，这样的木头才是好木材。大龙舟的龙骨一般由两根杉木连接而成，两条龙骨的接驳技术很考究，接驳位置则像一个V字。

加工龙骨

2. 起底

底骨两边为脚旁，称为蝴蝶底。起底是指钉蝴蝶底，也是由 2 块长木板拼接而成，因像蝴蝶翅膀一样对称而得名。蝴蝶底是龙舟成型的关键，也是最考验造龙舟技术的一道工序。把五六把高矮不同的凳子，按照中间低、两头慢慢升高的样式在同一直线上摆放好，然后把龙骨和蝴蝶底的木料放在木凳上。安装蝴蝶底也是最费力气和工夫的，需要几个人合力完成。

蝴蝶底

3. 起水和打水平

起水，则是指拗弯龙骨，使其呈流线型；打水平是指中线定位，平衡蝴蝶底。为使龙骨弯曲，让龙舟两头高高翘起，粗壮的杉木龙骨要被千斤顶固定多日以达到所需的弧度。起水后的龙舟船底就并非平板一块了，而是有弧度的。从船头到船尾，两头较高，中间较低。弧度不同，做出来的船也会不一样，这也是制作龙舟的关键所在。

起水和打水平

（二）船两旁的制作

1.做大旁

做好龙骨后，就要按先中间后两边的顺序，在两旁从底骨往上安插旁板，船双侧是大旁和花旁，但这并不是随意镶嵌便能成事的，因为大旁和花旁决定龙舟的最终形状（流线型），从而决定一条龙舟的破水能力。大旁在舟两侧，做大旁也称"钉花旁"，由两块木板拼接而成，先做好尾部再做头部。做大旁这一环节至关重要，大旁的斜度十分讲究，这关系到造出来的龙舟的速度。同时也必须根据前来定制的人的需求来做，只有技术水平高的才敢采用高斜度的大旁。这一环节费时费力，是整个制造过程中最为困难的一道工序。

做大旁

2.做丝

做丝是因为考虑到选手们划龙舟时桨会刮到边缘，而丝采用坤甸木做成，木质比杉木硬得多，这样可增加耐磨度。

（三）船内的制作

1. 做横档

横档，也称为舟排骨。横档分为大横档和小横档，大小横档相间排列，一条 18.3 米长的龙舟一共装有 7 块大横档、8 块小横档，每个横档之间间隔 88~90 厘米。小横档大小不到大横档的一半，横档的下方要切割出两个小排水口。大横档装好后在靠近底部中间的位置钻一个圆孔，用于之后固定龙肠时穿包装带用。

2. 装内龙和中柱

内龙装于船两侧，装内龙的目的是使船体结实。为了放内龙进去，需要在大横档的左右两边各切一个口，在内龙的边缘涂满胶水，然后将内龙卡进去，卡进粘牢后从内部打钉子加固，内龙接驳处用螺丝钉钉紧。

中柱一般装在船尾往前数第四格中间位置或从头部数下来第五格中间位置。

做横档

3. 做坐板

坐板就是运动员的座位，安装于所有横档的上方。先在横档对应"旁"的两边用铅笔画出扁长方形，然后用工具把这些扁长方形挖空，用斧头砍掉大横档高出来的一截，随后把已经打磨好的座位板从"旁"两端的扁长方形孔穿过去，之后便要固

中柱

龙舟

中华才艺系列

定坐板。

4. 做顶仔和企腰仔

顶仔是给运动员划舟时顶脚用的，脚有了支撑点，划龙舟时更方便用力。顶仔取一截木块直接涂上胶水斜斜地粘于横档左侧或者后面的位置，然后用气钉枪在头尾两端打入两颗排钉便可以了。

企腰仔装在船身内部两侧紧贴着小横档的后面，卡着内龙，用来支撑座位板。

做坐板

企腰仔

5. 安龙肠和加固中肠

龙肠位于龙舟的正中间，由三根梢木拼接而成。在中间那段龙肠两侧各挖一个长方形的孔，用于卡进中柱固定龙肠。

加固中肠也就是将座位与龙肠用竹片加固，也称抓篾。一般是用包装带打结捆绑的形式把龙肠与座位绑紧加固，为了使其更紧密，打好结后塞入一个坡形的木块并用锤子打紧加固。

安龙肠和加固中肠

（四）龙头、龙尾的制作

　　龙头、龙尾都是一起雕刻的，龙头比较复杂，龙尾就简单多了。龙头为龙舟之首，是整艘龙舟最吸引人们眼球的地方，大多用整块的樟木雕刻而成，以求灵气十足，因为人们认为樟木是神木，有灵气、能通神，而且能防虫防腐，经久耐用。龙的眼睛朝天显得比较凶，眼睛怒张显得凶猛，有的唇角含笑比较慈祥，但一般来说龙头雕刻得越威猛越好，因为这样才有活力，能在气势上压倒别人，龙行水上也好驱邪避凶。龙头包括须、眼、角、鼻、嘴、牙、唇、眉、腮、腭等部位。做一个龙头，也需要经过木料开料、放样、出模、雕刻、成型、打磨、上漆等多道工序，最后还得为龙头安装上鼻球、龙须、龙舌、龙珠，这样一件完整的工艺作品才算完成。

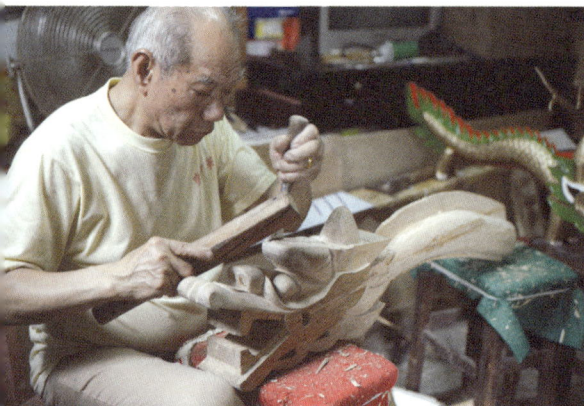

雕刻龙头

粗胚

成型

上色

装龙头   装龙尾

　　雕刻龙头往往没有详细的图纸，龙的神情全靠想象，所以龙头做得好不好，关键还得看师傅的手艺。雕龙头之前，可以先在樟木上描绘出大概的轮廓，雕出大概形状后再一步一步按照自己心里所想的慢慢雕。龙头成型后，还得为龙头安装上鼻球、龙须、龙舌；龙口含珠，用一颗不锈钢珠，涂上黄色，放在龙口中，能活动；龙头顶是鹿角造型，涂上耀眼的金粉。最后，一个成型的红色龙头半张大嘴，口中露出龙珠，显得威严而气派。雕好后的龙头大多数都被染成红色，一般将其称为"红龙"。也可将龙头涂成别的颜色，常见的还有黑色或者灰色，将其称为"黑龙"或者"灰龙"。

　　制龙须则要看该地信奉什么，信奉观音菩萨是不用龙须的。龙须有白须和黑须之分，只有信奉关公的才用黑须。此外，龙尾也大多数是用一根木雕成，上面布满鳞甲，青金相间，绚烂多彩。

舟

龙舟

中华才艺系列

DRAGON BOAT

（五）船身的制作

船体打磨、抛光上漆是龙舟制作的最后一个步骤，先上桐油灰，这是为了加固板与板之间的缝隙，以防漏水。抛光、涂清漆能够使龙舟光滑，也称扫袖油。一艘龙舟做好后，一般要从头到尾打磨4次，每打磨一次就上一次清漆。待最后一次油漆晾干后，一艘龙舟就完成了。

二、开工仪式

龙舟的开工日期分为两个，一个是工厂的开工日期，一般是每年的正月十五过后；另一个是每条龙舟的开工日期，一般是客户根据各自情况来选择。后者的开工仪式客户也会参加。

龙舟作坊一般都是过完正月十五才开工，到端午节前几天就收工。开工的时候，造船师傅会在厂棚的柱子上贴上一张写有"百无禁忌，开工大吉大利"大字的红纸，选定一根木料，然后为制造新龙舟的木料开线落墨，为第一根龙骨架"参花挂红"，举行简单的祭拜仪式，将一些香烛插在苹果上点燃，烧香纸，燃鞭炮，口中祷念"开工大吉"，以示开工大吉。开线之后工匠便可依据需要自定具体时间开始制造龙舟。在动工前，工匠还须专门斋戒沐浴、焚香、拜神，一点儿也不能马虎。

打磨

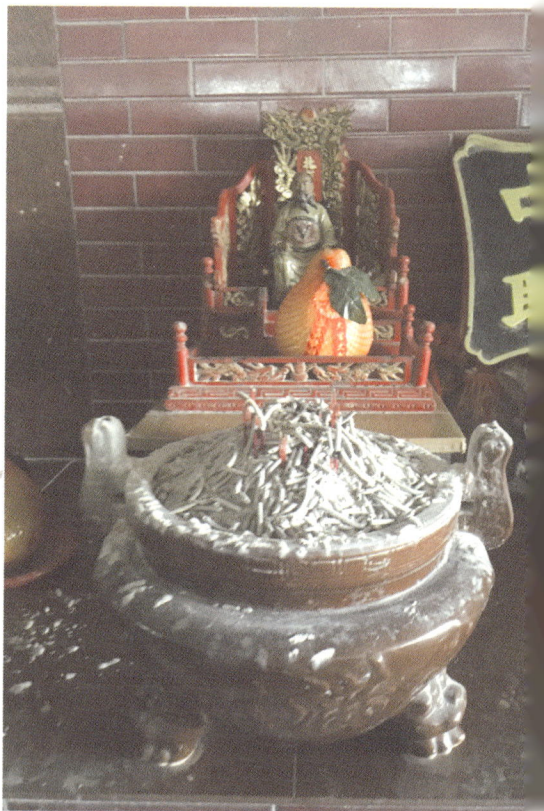

神台

三、接船、试水仪式

接船、试水仪式一般有祭拜、点睛和采青三个步骤。

祭拜：前来接船的人，需准备烧肉、烧酒、生鸡、苹果、香烛、龙眼叶、爆竹以及锣鼓等助阵。随行接船的一般是龙舟队的成员，需六个人以上，有时则是村中长老率村中壮丁前去接船。接船的人得先把龙牌插在龙头上，然后在龙舟的神位上插上香烛和龙眼叶等，并摆上祭品，再将香烛插在苹果上点燃，对着龙头祭拜，最后环绕龙舟一圈浇酒，并向着龙舟默念"一帆风顺，顺风顺水，国泰民安"。

点睛：祭拜过程中，把公鸡的鸡冠切开，把鸡血滴在龙眼上，谓之"画龙点睛"，为新龙舟开光。人们认为只有用鸡血画上龙眼的龙舟，才能在水上腾飞。香烛燃罢，划手们在龙舟两侧各就各位，用手准备抬起龙舟，领头人喝一声"起"，龙舟过手、上肩，这时候点燃鞭炮，龙舟便在鞭炮声中被抬了出去，而其他人则帮忙"开路"，需要注意的是龙舟下水前船底不可以接触到地面。划手们在龙舟下水的那一刻跳到龙舟上，握好各自的划桨，等待站在船头的领头人的命令。

采青：伴随着锣鼓声和大家齐心合力的吆喝声，"试水"开始。龙舟下水后一般先划至一个预定的地点，领头人站在舢板上发出信号，船上的鼓手停止击鼓，船员们也停止吆喝，领头人把准备好的香茅迅速放进龙口中。然后，在舢板上双脚大力一踏，用力地跳起来，这时候整艘龙舟都会被震动起来，这是"醒龙"的意思。刹那间，锣鼓敲响，划手们也举起划桨奋力扒划，在船厂门前的河湾扒上一大圈，仪式结束。

仪式结束后，众人将新龙舟划回村里，进入本村水域的时候，有些还需要村里的老龙舟出来迎接。

点睛

采青

在农村，造龙舟对于族群认同是一件异常重要的事情，各个环节的仪式虔诚而且隆重。下面以广东省揭阳市蓝城区磐东街道南河社区棉树村为例，了解造龙舟的全过程。

棉树村龙舟历史悠久，原来拥有的两艘龙舟的旗号"战必胜""追我者谁"，是 1985 年 8 月建造，因年久失修已有多年未举行龙舟赛事。为传承棉树村龙舟传统习俗，再展当年榕江"神龙"的风采，村里决定出资，新造龙舟。

棉树村年久失修的龙舟

红龙：追我者谁

白龙：战必胜

2017 年 6 月 25 日，棉树村派代表到潮州市潮安区庵埠镇，聘请造船大师杨应凯建造新龙舟，大师已答应此事。于是，村里老人便开始商量择日开工事宜，确定在 7 月 21 日开工，张贴告示：

造新龙吉日：取六月廿八日辰时八点钟开斧大吉。

相兔生人避全日，狗避一时（意即生肖属兔的人回避一天，属狗的人回避一个时辰）。

拜龙爷礼品：茶 5 杯，丸（汤圆）5 碗，大吉（生柑）1 盘，水果 1 盘，斋菜 1 盘，五色糖 1 盘，发包（发酵的大面包）1 盘，大金（纸钱的一种）160 把，元宝（纸钱的一种）160 页，福钱（纸钱的一种）80 付。备二份。

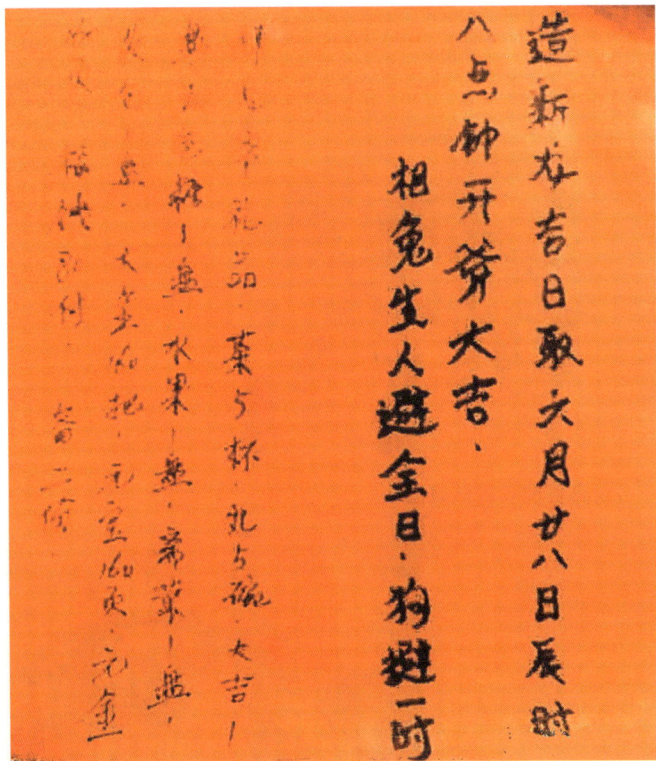

造新龙吉日帖

龙舟

DRAGON BOAT

中华才艺系列

7月21日早上6点半开始，棉树村举行了隆重的新龙舟兴工开斧仪式，并邀请了舞狮队、英歌队助兴，场面十分喜庆热闹。

从大老爷宫请龙爷的香炉到玉树园，舞狮队、英歌队一路表演。香炉到达龙舟棚之后，再行拜祭礼仪，随后主持人便宣布：兴造新龙船开斧兴工！造船大师杨应凯开始定墨，此时鼓声锣声鞭炮声齐鸣，开工仪式在热烈的氛围中顺利结束。

请龙爷的香炉

龙舟棚前英歌队表演

龙舟棚前舞狮表演

焚香拜祭　　　　　　　敲锣打鼓　　　　　　　定墨开斧

8月22日上午，两个新龙头从德桥陈师傅处请回村里。龙头用樟木雕刻，龙嘴张开，龙牙整齐成排，龙舌用弹簧挂住，能左右摆动，也能一伸一缩，活灵活现。眼睛上突圆睁，显示霸气。龙嘴上腭用钢丝弹簧挂着两个大杨梅缨，往前向上伸展。两个龙角用真鹿角装上。龙头后端是精工雕镂表示龙发的龙圄，上1片，左右各3片，共7片。

请回来的新龙头

舟

龙舟

中华才艺系列

DRAGON BOAT

　　10 月 4 日，棉树村新龙舟自开斧已两月有余，各项工序也全部骏工。定于 10 月 5 日，即公元 2017 年岁次丁酉八月十六日子时神圣开光，辰时威武顺水。开光的前一天，大家都在做最后的准备。

　　子时一到，开光仪式马上开始。点睛的用品是脸盆、毛巾、镜子、毛笔、朱砂，随后请上德高望重的长辈，掀开龙头的红布，用毛巾轻轻擦拭龙头，象征净身，再用毛笔蘸朱砂点睛，一边点一边说吉祥话，祈求吉祥安康。点睛完成的龙舟，便是附有灵性的"神龙"了。点睛仪式结束之后，大家回家稍作休息。

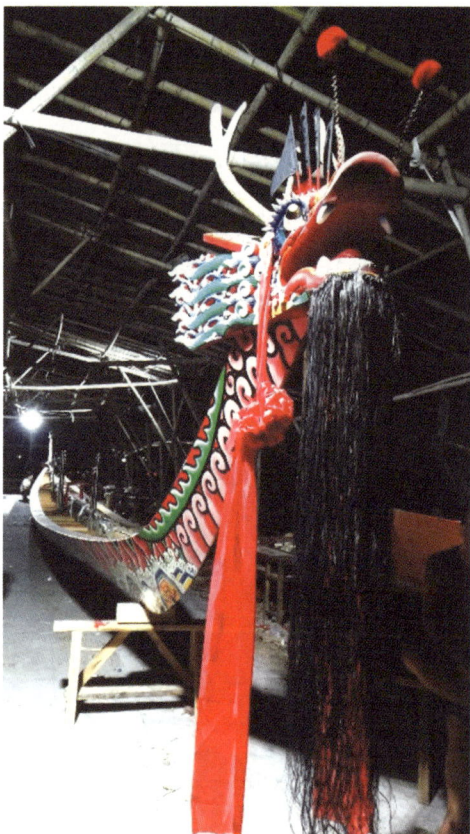

龙角戴上大红花

布置龙舟上的装备

用红布遮住龙头

安放妈祖符

点睛用品

点睛

　　天亮之后，到了辰时，村中长老主持龙舟顺水（下水）仪式，村里的长者列队在龙舟棚两侧，准备恭送龙舟，村民们开始忙于拜祭龙王。随后，桡手们将龙舟请出，径直抬向河涌。龙舟进入河涌之后还有三个环节，一是寨前洗港，即龙舟先在寨前试水划；二是出溪献纸，龙舟划向外方的石马肚溪河去告慰"水神"；三是棉树村河段竞渡。这样，整个顺水（下水）仪式圆满完成。

龙舟

DRAGON BOAT

中华才艺系列

村中长老主持仪式

村中长者恭送龙舟

村民拜祭龙王

请出龙舟

抬向河涌

进入河涌

寨前洗港

石马肚献纸

棉树村河段竞渡

顺水仪式圆满结束

第二节　湖南汨罗龙舟制作

一条龙舟，可以拆解为三部分：龙头、龙身、龙尾。一般情况下，龙身先造，并在两侧预留位置安装龙头和龙尾。龙舟雏形做出来后，用"油石灰"与葛麻棉一起填补龙舟的

汨罗龙舟制作

缝隙，这道工序叫"捻船"。龙舟的缝隙修补完之后，用桐油把整个船身里里外外刷几遍，搁置几天，龙舟就可以下水了。龙舟做成之后，要举行一个重要的"关头"仪式，由造船木匠的掌墨师主持。

一、制作程序

（一）选料

湖南汨罗的龙舟，船底那根主木叫龙筋，一定要在别处"偷"来。因为当地风俗认为"偷"来的木是"神木"，造出来的龙舟划得快。这个"偷"的过程，实际是宾主双方事先约定或默许的。首先是造船者物色到合适的木材或树，在夜间，待主人不留神时，迅速在木头中部拴上一红布条，表示这木头要拿去做龙舟，然后两个人猛地将木头扛上肩，另有一人躲在一旁，等前面人走了百余米后，点燃爆竹，引起主人注意，主人听到爆竹声响，立马追赶出去。主人知道自己的木被"偷"了做龙筋，心中暗喜，跑几步也就不追了。

造龙舟的木头要有足够的纤维，木材要大、匀称、轻巧。龙身最好的选材就是杉木或柚木，因其质地耐腐可长年保存，而且越浸越亮。龙头则以自然弯曲的樟树为上等木料。从山上砍伐运送下来后，再锯成一块块使其自然风干，这样造出来的龙舟表面光滑，船体轻盈，在水中行进吃水

浅，阻力小。

（二）发木仪式

木料选好后，造龙舟的场地一般选在祠堂的大厅内，或在空旷的坪地上搭建一个简易的遮雨大棚，四周用竹篾席或彩条布严实围住。整个制造过程不允许女性接近。一切准备就绪，工匠们还要选择一良辰吉日为制新龙的木料开线落墨，此即发木仪式。发木仪式要请祠堂颇有声望的长老主持，首先，将"偷"来的龙骨木架在场地中央，再在中间放一张小方桌，摆上供品和香烛，燃放鞭炮吹奏乐器。然后掌墨师供上三炷香，一边口念"天门开，地门开，弟子有请鲁班仙师下凡来。今我府择此黄道吉日新造龙舟，还望各路神仙保佑，求老天爷成全"等吉语，一边操斧在龙骨木的前、中、后部各砍上两道虚痕，祷祝顺利开工。发木仪式结束，就可以着手动工。遵古法制，汨罗龙舟属"飞凫式"类型，船身长的约 24 米，中等长的约 18 米，短的约 12 米，船宽一般为 1.1 米，中有一根龙骨木纵贯首尾，宽 0.57 米左右，高约 0.6 米。

（三）雕龙头

雕龙头是做龙舟的重中之重，通常要选择完整的木材来雕刻，这样，龙头才有灵气、有气势。龙头雕出了神韵，这根木头也就有了生命。雕龙头的木料是优质樟木，据说樟树是一种有灵性的植物。用来雕龙头的樟木大约长三尺三寸三分，直径最小要有一尺八寸三分，先由两名成年未婚男子用手抬起高过头顶，意思是高人一等，后放在木马上。然后雕匠沐浴焚香，对空朝拜，口中念念有词。雕匠朝拜念词之后，反身用力将斧头劈在树上，设一香案，插三炷香，作三个揖，就完成了雕龙头的第一个仪式。

雕刻龙头最具神秘色彩，雕匠与其他工匠同场不同室，通常被安排在另一隐蔽的室内。

开工之后，雕匠、首司、办茶饭的三个人就不能离开现场，必须在现场生活，直至雕刻任务完成，这是为了保证龙头的神性不被冲撞。制作龙头需要花费很多心神，龙的神态完全靠想象。一般纯手工雕刻一套龙头龙尾需要五天。这期间食物以斋为主，多为青菜、豆制品之类。饭是糙米饭，同时饭里面还要有谷。茶是用茶叶煎水的俗茶，称为"粗茶淡饭"。但必须天天有酒，无酒不成礼仪。

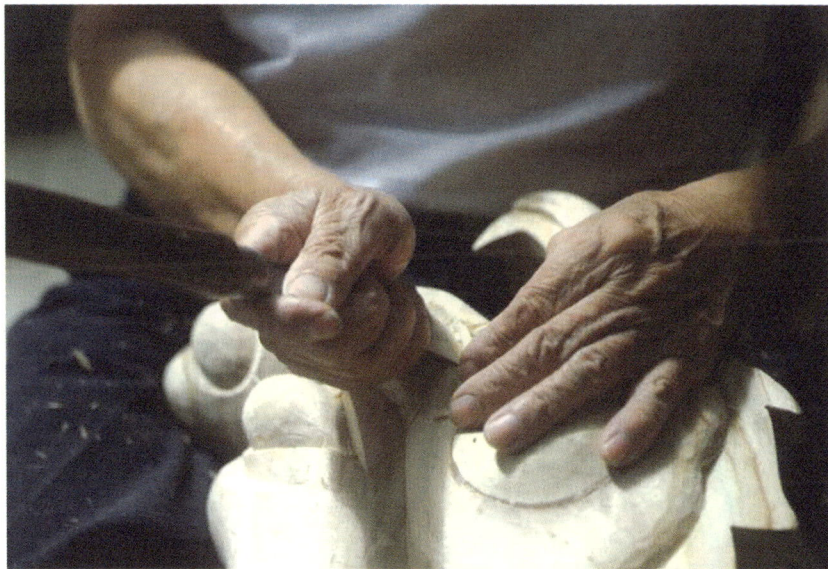

雕龙头

龙头完工之后，就举行庆祝仪式，顺序是"黄龙礼""赞龙头"。

"黄龙礼"：设香案、摆果品，以茶代酒，由四个儒生（俗称礼生）分列其前，首司（俗称奉侍生）跪拜其下。儒生宣读"诉文"，其内容主要是求请各方神圣赐龙头以显威灵，保一方之平安，宣读完毕即点火焚烧。

"赞龙头"：由雕匠在香案上插三炷香，作三个揖，唱赞词：子、丑、寅、卯天门开，辰、巳、午、未坐莲台，申、酉、戌、亥弟子敬，五龙奉请到此来。今有某府制作龙舟，弟子雕刻龙头，弟子遵古训，求师拜祖，人则诚，神则灵。金天氏赐我金，伏羲氏赐我木，有熊氏赐我水，祝融氏赐我火，轩辕氏赐我土，弟子有了金木水火土，雕刻龙头才动手。天师秘诀，鲁班秘传，弟子聆听在耳边。童子伐木，弟子下材，首司跪拜，昼夜焚香。龙头显圣，威震四方，龙舟下水，头放豪光。平安稳妥，无灾无殃，乘风破浪，一发追风。恭喜贵府，满门列列，永远发达，龙凤呈祥。

赞毕，首司守候案台，敬奉龙头，摆设茶酒果品，一天到晚香火不断。

黄龙礼　赞龙头

二、竣工仪式

（一）关头仪式

当龙身和龙头、龙尾制作完成后，画好龙鳞，将龙头装好，舟尾插上凤尾旗，将锣鼓、桡子、尾舵都安放在舟上，一切准备妥当，就举行关头仪式。

关头时，敲锣打鼓，铳炮喧天。在龙舟前面设一香案，摆茶酒果品，备米斗一个，木匠将一把五尺短棍插在米斗内，准备两段红绸子，一段五尺，系在丈量工具五尺上；一段三尺三，系在龙角上，将斧头、墨斗放在香案上，用茶盘盛米，另备一只雄鸡。

在锣鼓鞭炮声中，主祭先跪拜龙舟，再向五方作揖。朝拜之后，将雄鸡拿在手里，口念：子、丑、寅、卯天门开，有请鲁班仙师下凡来，有事必请仙师到，无事不敢乱焚香。今有某府制作龙舟成功，命弟子关头，弟子请来仙师相助，求各方神圣保一方平安！请仙师容弟子言：有天刹归天堂，有地刹归地府，有年刹、月刹、日刹、时刹、刻刹，我用雄鸡来掩刹。说完便将雄鸡头部剪断，将鸡血点在龙头、凤尾和龙身上，继续念：雄鸡滴血，清清洁洁。再将雄鸡抛在地上，端起茶盘念：丢掉掩刹鸡，手捧金盘米，敬告各方神，米乃五谷之首、人间之宝，一洒东方甲乙木，二洒西方庚辛金，三洒南方丙丁火，四洒北方壬癸水，五洒中央戊己土，洒遍五方，平安吉祥。请四方天仙、五路神圣，降福消灾！恭喜贵府，龙舟下水，清洁平安，龙舟稳如山、快如风。满门列列，龙凤呈祥，永远发达，万代兴隆！

这也是一种所谓的"开光仪式"，表示对龙舟的尊重。通过仪式，龙舟便由一条木船演变为有灵气的"龙"。这龙舟神化的过程，也寄托了人们的良好祝愿。

（二）亮舟仪式

龙舟关头之后，当天晚上就要亮舟，即举行龙舟竣工仪式。"点亮"龙舟，希望能够吸引天上神明前来观看，禀告神明，船已经做好了，祈求保佑龙舟。

亮舟所用的物品包括香案、茶盘、大米、菜油（俗称青油）、灯盏（没有灯盏就用茶碗）、灯芯等物。用青油作燃料，龙舟前面设一香案，香花、蜡烛不断；

关头前的准备工作

关头仪式

设果品、茶酒，每个茶盘内都盛有大米，油灯放在茶盘内。

油灯的摆放：龙头上点 5 盏灯，象征五龙捧圣；龙舟凤尾上放 3 盏灯，象征天、地、人三皇；中舱放 7 盏灯，象征七星伴月；前四舱放 4 盏灯，象征春夏秋冬四时；后 4 舱放 8 盏灯，象征八季（四季又各分初、深两季）。龙舟两边，每边放 4 个茶盘，每盘 8 盏灯，象征八卦，两边共 64 盏灯，为 64 小卦。中间桅杆上放 1 盏红灯，象征紫薇高照。龙舟两边再放零星小灯 6 盏，香案上放 1 盏，总共有灯 99 盏，意思是不离"九"，福、寿、财、禄天长地久。

还有一种摆放油灯的方式：按 24 舱，每舱 4 盏，再加头、尾、中 3 盏，合成 99 盏。

近年来，亮舟用电灯，同样要挂 99 个小灯泡，或者是挂 9 个大灯泡，左、中、右各 3 个，但无论如何中桅上都要挂 1 盏红灯。

亮舟自酉时起，到子时结束。每隔一个时辰，就敲锣打鼓放铳炮一次，每次由首司三叩首，子时以后就停止。

亮舟

（三）下水仪式

新龙舟下水，第一件事是"请鲁班"。下水时，在龙头处摆放一袋大米，大米上插一把木匠用的五尺。在岸边正对龙头的位置，还有一张八仙桌，桌上摆满了鱼、肉和香，公鸡是必不可少的。

大米上的五尺用来请木工的祖师爷鲁班"下凡"，因为传统认为，造龙舟用的木材是鲁班带下凡的，才有灵性，入水可保平安。桌子上的膳食，则是用于款待鲁班的。

祭祀时，全体参加人员还要叩头三次。

下水仪式

另外，龙舟在端午节之前也有下水仪式，一般在农历五月初一举行，时间选在辰时。首先由一个熟悉水性的年轻未婚男子背起龙头快跑，然后划手们抬起龙舟跟着快跑，舟只能仰起，不准翻抬，在锣鼓声中将龙舟安置在河边。背龙头的人则一直冲到河中间，抱起龙头五沉五起，参拜五方，称为"龙头洗澡"。"龙头洗澡"之后，背龙头的人游回岸边浅水处，由首司跪拜三叩首，上一块花红，再上岸将龙头安装在龙舟上。安好龙头之后，招魂手、锣鼓手、催桡手都在舟上，划手们站在两边。这时齐唱：

端午竞渡吉祥歌，白银盘里龙舟梭。
屈原本是神仙辈，大显威灵保山河。

哟……

龙 舟

DRAGON BOAT

划手们将舟用手提起，人与舟一起冲入河里，人在水里，用手抓住舟边，招魂手摆动龙舟，人随舟转。龙舟再从河中心划回河边，划手们重新坐上龙舟，催桡手高喊：准备击鼓，划……于是锣听鼓响、将听令行，自由自在地划着龙舟去朝庙。

朝庙是到屈原庙敬奉屈大夫英灵。在当地有两层含义：一是祭屈，二是祭龙，只有参与朝拜的龙头才能得到屈老夫子的护佑，划船平安、竞渡获胜。龙舟划到屈原庙就将龙头背进庙内，放在屈大夫牌位前，龙舟上所有人员都要下跪，先向屈大夫牌位奉敬三大碗酒，再向龙头奉敬三大碗酒，这六碗酒都倒在神龛前，意思是敬奉龙神三喜六顺。然后，每个人喝一大碗酒，唱一声"哟"，起身背起龙头向河边猛跑，在龙舟上安装好龙头就往回划。初一朝庙之后，划手们就天天操练，准备初五竞渡。

龙头洗澡

朝庙

第三节　贵州苗族龙舟制作

　　苗族龙舟竞渡使用的是独木舟，由一条母船、两条子船捆缚而成。母船较长较宽，子船每条约长 5 丈，分放在两旁。不论是母船还是子船都是独木船，由整个形直而完整的泡桐或杉木树身挖凿而成。独木龙舟是苗族文化的骄傲，在全国众多的龙舟活动中可谓最具特色，称得上原始龙舟文化的一块"活化石"。

苗族独木龙舟

一、制作工序

（一）选材

　　砍树制龙舟的时间一般为每年十月下旬。砍树是全氏族成员男子的集体活动，都有参加的义务。但是家中有未满月产妇的男子不能参加，以免冲撞神灵。砍树之前，选好吉日，准备好红公鸡、肉、香纸、酒和一束麻等做祭品，到选中的树的树脚去祭树神。

　　祭树神时，先由巫师或一位懂规矩、富贵双全、儿孙满堂的老人，将麻系于树上（传说从前将一块石头放在选中的龙木下，但鸡把石头弄丢了；又用稻草捆，也弄乱了；后用斧砍，刀口又合上了；最后用了一束麻，才捆住了），献上鸡、糯米等祭品，再烧香纸，倾几滴酒于地上，祈祷说：吉杉啊，请让我们寨将你砍去做龙舟，愿你庇护寨里老少吉安，子孙昌盛。

祭祀毕，祭神的人又说：要你去做龙，活到千秋万代。接着由事前已选中的一名有福人（如是青年，要父母双全；如是中年，要儿女双全，忌续弦）先砍三斧，然后大家再砍，最终让树倒向东方。这是因为苗族人民从东方沿河西迁而来，树倒东方，表示不忘先祖之意。

砍制作龙头的木头也要举行同样的仪式。龙头需用适当弯度的柳木雕刻，因其顺纹，木质较软，适于雕刻。

（二）木料的运输

龙木砍下以后，剔掉枝叶，剥去树皮，亦要择一吉日，祭过神以后才能运回来。不通车的地方，众人用肩抬起，抬起时高喊："来吧水龙！大杉木去吧！"

运龙木途中，伐树者沿途的亲戚在龙木经过自己村寨时，都要放鞭炮并馈赠酒、鹅等礼物祝贺，还需另备一壶酒、一匹红绸，敬献伐木者寨里的寨老。送礼的亲戚鸣锣放炮，宾主互唱祝贺酬谢的歌，气氛十分热烈。这样走走停停，往往需要几天才能将龙木运回本寨。龙木回到寨里，人们还要鸣锣放炮迎接，喊"龙回来了"。龙木运回之后，择吉日先祭祖，然后大家按照师傅的要求动手制作龙舟。

（三）舟身与龙头的制作

龙木运回寨里祭祖后，即择吉日制作，舟身、龙头同时进行。

造龙舟全寨男子都要参加。要请手艺好的木匠师傅"发墨"，即画好各部位的尺寸与标记，为了增加浮力，船身需挖空。然后所有男子能刨的刨，能凿的凿，不能凿刨的干零星的杂活，各尽所能。母船、子船与龙头的制作同时进行，制成雏形后，木匠师傅再精雕细刻，制成活灵活现、色彩鲜艳的龙舟。整个独木龙舟造型粗犷而别致，结构简练而牢固。由三根木组成的独木龙舟，大的俗称母船，长度一般为 21～24 米，船身分六槽，每槽长 1.8～5 米，加上头尾共八段，宽为 0.5～0.7 米。较小者称子船，共两条，长度一般在 15 米左右，宽约 0.4 米。船身分四槽，每槽长度与母船中段之四槽相等，加上头尾共六段。划龙舟时，母船两边各绑一条子船，船首置一木雕龙头，水手站于子船中划之。

龙舟做成后，还要试划，保证三条舟平衡好划。所有做龙舟的人，一律是义务劳动。

雕龙头，则由木匠师傅设计制作，基本也是义务劳动，仅酬谢木匠糯米饭、一只公鸭、一壶酒和一点工钱。龙头上雕有角、耳朵、鼻、眼、腮，生动传神。奇特之处是，两边还要安上一对木制的水牛角，上书"风调雨顺，国泰民安"等词语。牛被苗族先民奉为神物，认为其能镇恶驱邪。龙头和颈的长度一般3米左右，直径约0.3米，上涂金、红、绿、白各色。龙头红色，以金黄色描边，名曰红龙；龙头湖蓝色，间杂黄、红、白、蓝诸色，谓之青龙。这两种是特殊的龙头，其他龙头均为黄、红、白、蓝、绿诸色交绘，五彩斑斓，名曰花龙。

建造龙舟棚也与制作龙舟同时进行。龙舟棚是用来存放龙舟的特殊建筑，为八排七间，木质穿斗式抬梁结构，上盖小青瓦，在每排柱脚离地面约0.6米处设圆形穿杠，供存放船身用，龙头平时轮流藏于鼓主家。

牛角的龙头

五彩龙头

龙舟做好后，还要举行"祭龙"仪式。全寨每户视其家境情况，各凑资金不等，购买食物和酒，选择在比较宽敞的场地喝酒聚餐，唱酒歌、吹笙、踩鼓庆贺，谓之饮"团结酒"，男女老幼都可参加。"祭龙"后，便将龙舟放于龙舟棚内。

鼓主是龙舟节活动的主角，由全寨选出最有威望的长者担任。鼓主除亲自带领划龙舟外，平时还组织处理该寨的各种事务。龙舟节活动时，鼓主身穿罗缎长衫古礼服，外套镶黑边的绸背心，戴着墨镜，头戴特制的宽边草帽，坐在龙舟的正前面，面向划手们，按照一定的节拍击鼓（仅作为一种仪式，并不指挥划手的划行速度）。他重要的职责是，确保参与活动的人有吃有喝。

中华才艺系列

龙舟

DRAGON BOAT

二、开航试水仪式

龙舟节来临之前，农历五月十八、十九日抬新龙舟下水，二十三日用篾条把母船和子船捆绑在一起，然后将龙头安装在母船上，用铆楔套合，用竹篾捆扎。二十四日举行开划仪式，开划前要举行祭保护神和家族神的仪式。

（一）祭保护神（即祭白神）

天未亮时，全寨男子在鼓主家开始祭保护神。祭品为一把伞、一只白公鸡、一根三枝丫的五倍子树丫、香纸等。

因保护神衣衫很破，怕人看见，所以要用伞遮，而且天不亮就要送走。"白公鸡"是苗族人民心目中的一个神（即白神），模样像人，全身穿白衣服，衣服非常破烂，但又挺干净。白天他不好意思到寨子里来，只好夜里来寨中保佑苗家，鸡叫时又走了。苗族古歌说，蝴蝶妈妈生了十二个彩蛋，变成了雷公、龙、蛇、姜央和白神。白神本事很大，立屋、安门、划龙舟等，都要敬他。当地人相信五倍子能通天，可以把保护神送上天去。

鼓主焚香敬酒后祈祷说：今天是良辰吉日，才请你们诸位神来保佑。摆三个银杯，斟上最好的米酒，打着彩伞，焚着纸钱，请你们即席就位。

祈祷毕，把鸡杀掉，敬祭一下，然后拿去煮熟，再拿来献祭。看鸡眼

祭神

杀白鸡

龙舟请水

以卜吉凶：如两眼全睁或全闭则为吉；若一只睁一只闭，则为凶。鼓主又祷告说：刚才鸡是生的，你们吃不得，现在煮熟了，请你们用餐，吃好后，请你们就位。鼓主先送保护神吃一点，自己也陪着吃一点。

祭词很长，要唱一个多小时。祭文大意是，白神从什么地方来，去过什么地方，办过什么好事，有多大神通。我们给白神白鸡、香纸、酒肉等，请他来保护我们兄弟姐妹平安。全寨男子都需站在那里陪祭。

个别寨不杀白鸡祭保护神，只祭龙舟（面对龙舟烧点香纸即可）。

（二）祭家族神

祭品：一只白公鸡。意思是活人去玩，请祖先也来玩，在玩的过程中，希望祖先保佑活人。

祭祀毕，划手们每人拿几根茅草，意即斩鬼的大刀。鼓主喊：父老兄弟们，都划龙船去吧。于是众人上龙舟敲响锣鼓，划船绕本寨水塘一周，接着才把茅草扔掉，前往比赛地点。

第四节　云南傣族龙舟制作

在云南的少数民族中，傣族龙舟竞渡具有悠久的历史，也最具民族特色。傣族龙舟在泼水节中扮演着重要角色，龙船制作文化与当地的自然环境、宗教信仰、政治、经济等因素有着密不可分的关联，龙舟的制作也隐含民族文化特色。云南的傣族人主要居住在西双版纳傣族自治州、德宏傣族景颇族自治州，还有少数分散在其他一些县。这些地方河流交错分布，生长着茂密的植物，植物枝繁叶茂、主干粗而高大，自然生态环境适合水上交通工具的生产和运用。

傣族龙舟

一、材料与工艺

傣族龙舟一般长 20～25 米，中间最宽处为 1.5～2 米，舟前端有两根上翘的弯形木棒，涂染成白色，与睁目张嘴弄须的龙头相配，似两根长长的龙牙，与之相对的是作船尾的两支尾翅。龙舟全身涂绘了有色的龙鳞，外形栩栩如生，置于水中，有一种强烈的动感。龙舟保管得很好，一般可用十多年，平时置于佛寺中由僧侣保管，虔诚者自发砍来芭蕉叶覆盖，算是一种功德。龙舟不能置于家居楼下，因习俗认为凡人之力压不住龙舟的神力，并且忌堆木料于宅，因为木从山林而来，是山神的东西，有灵气，置于家宅，对人不利，势必使人久病不愈。

（一）舟身的制作材料

西双版纳傣族的龙舟多系红松木制成，多为就地取材，以独木成舟为最佳。龙骨的选材颇为讲究，要在制作舟身的木材大致确定以后，再选择能与舟身的长、宽相匹配且木质较硬的整棵树木进行加工。围成舟体的三块完整的木板，由一棵大树裁剪做成，大树的直径大都在 1 米以上，主茎长在 25 米左右，保证木材尺寸满足制作需求。连接两侧龙身的龙肋以及座位的材料，用剩余的木材来加工就可以了。

（二）龙头、龙尾的制作材料

龙头、龙尾选用的材料是当地生长的黑黄檀，黑黄檀被尊为神木。制作龙头、龙尾的木料尺寸大小则是根据舟身的长度而定，一般制作龙尾所使用木材长度要略长于制作龙头所使用的木材，而且两者的长度是舟身长度的1/10至1/20。

傣族龙舟最特别之处莫过于长着象牙的龙头。龙头嵌入在舟

舟身的制作

龙头

龙尾

上色

身最前端，左右两边有两颗或多颗长长的象牙向前伸出。龙尾也包括两部分，一部分是象征传统中国龙的龙尾，一部分代表孔雀尾羽，每一侧舟舷都有三根孔雀尾羽，分别嵌入在舟身的最后端两侧。

龙头龙尾雕刻师是在当地有着较高知名度和威信的雕刻师，负责完成龙头、龙尾的构思和雕刻。

（三）工艺技术

传统傣族龙舟的制造忌用铁钉，只能用木钉和皮绳代替。龙舟各部分之间以及舟身内部的连接方式以榫接、卯接、榫卯接以及木钉为主。"榫"俗称"榫头"，就是在连接结构中的头，"卯"俗称"卯眼"，就是在连接结构中的孔，榫卯接则是指把榫头插入卯眼或榫槽过程的接合方式，这种接合方式，是最为传统的木制家具、建筑的技艺。

二、龙舟制作仪式

在傣族龙舟的制作过程中，有多个环节需要祭祀人员的参与，祭祀人员主要由司首、舟身制造师傅、龙头龙尾雕刻师组成，他们在祭祀仪式的过程中各自承担的任务以及分担的角色也是不一样的。司首主要负责选木、龙头完成时以及龙舟下水时的仪式，由出资方选人担任，一般为村长或威信比较高的人，但必须为男性；舟身制造师傅负责在开工时做必要的祭祀；龙头龙尾雕刻师主要负责龙头雕刻时所要进行的仪式。

（一）选木仪式

选木仪式是在正式确定制作龙舟的树木或木材以后进行的，选择直径粗大的杉木或柚木作为制作龙舟的木料。先在被选中的树木或木材前面放上米、酒和肉等贡品。米一定要用当季的新米，酒则要求用刚开坛的酒或者未打开的瓶装酒。仪式开始，由司首在树木或木材的前面点燃蜡烛、焚香以及烧纸钱来祭树，念一段经文超度树木。然后用红颜色的布条在选定树的主干上绕一周并系上，这样就完成了选木仪式。接着就要砍伐树木，所以选木仪式往往也被称作伐木仪式。

（二）雕刻龙头仪式

龙头的雕刻在密室中进行，龙头一般用上等黑黄檀。先将选好的制作龙头的木材竖起，放在雕刻工作室的正门对面。然后将红布系在木材的上下两端，再由两名未婚男子提着红布，把木材放在雕刻架上。雕刻师正对木材，手里拿着三炷点燃的香，三拜礼，口里念念有词：今天是一个大吉大利的好日子，有人请弟子来到这里为新制作的龙舟雕刻龙头，弟子会牢记鲁班天师的遗训，望请各位龙神保佑……然后拿起雕刻架上的斧头砍在檀木上，预示雕刻龙头正式开始。

（三）龙舟竣工仪式

这一仪式可以说是最为热闹的活动仪式了。仪式当天要大摆筵席，宴请在本次龙舟制作过程中付出辛苦劳动的工作人员，尤其是龙头龙尾雕刻师。到了这一时刻，制作龙舟的地方将开放，全村或全族的人都可来此观看龙舟，人们会看到一艘全新的龙舟威风地出现在村寨里。

（四）祭龙头仪式

在泼水节即将到来的时候，要将龙头、龙尾和龙身拼接在一起，在拼接时举行的仪式叫祭龙头仪式。在龙舟拼接地点放置一香案，案上放有米、肉、酒、水果等，一般由龙舟队队长或村寨村长上香祈福，在香案前三揖三拜，口中念道：有请龙神归位，保佑我们平安、顺利、取得好成绩。

话毕，即由已经确定参加本次龙舟竞渡的划手们协助队长或村长把龙头、龙尾固定在舟身上，然后燃放鞭炮以示庆贺。

第八章　龙舟的竞渡

从古代到现代，龙舟竞渡的魅力一直未减，缘于有"俗"的礼制推崇，以及"竞"的对抗引人入胜、扣人心弦。

第一节　龙舟竞渡的内容

龙舟竞渡的方法其实很简单，因为竞渡的目的无非是使船前进，或者前进得快一点，或者前进得久一点。也有比较诙谐的比赛，就是比试夺标手的智力。龙舟是真正意义上的同舟共济，许多人协同作战，利用划桨的力量，集中每个选手的动力，使龙舟前进。要做到力量集中，龙舟上的锣鼓就成为统一指挥的信号，锣鼓的声响直接控制了龙舟运动的速度。

一、古代的龙舟竞渡

（一）水嬉

有时候，龙舟不是以竞驰争胜为主要任务，而是以嬉水为主的表演，宋孟元老《东京梦华录》卷七《驾幸临水殿观争标锡宴》中就记录了水嬉、竞渡的情景：近临水殿的水中，一字排开四条结彩的船，上面由诸军演出百戏，如舞大旗，扮狮豹，舞弄掉刀、蛮牌，装鬼神，演剧，等等。另外排列的两条船，都是载的乐队。又有一条小船，船上扎起了小彩楼，下面有三扇小门，如演傀儡戏的戏棚，正对着水中的乐队船，乐队船上来一参军色，向前说唱颂辞，然后乐声奏起，小船彩棚的中门开了，有小木偶人从门中出来，小船上有一穿白衣的人在水中垂钓，身后有小童子举桨划船，小船回环旋转数圈，并上前说唱颂辞，奏乐。小船上的白衣人竟钓出一条活的小鱼，又奏乐，小船回到了彩棚中。继而有木偶出来表演筑球旋舞等节目，也各自说唱颂辞，且相互应和、奏乐等，这叫作"水傀儡"。又有两条装饰华美的船，船上挂着秋千，船尾上杂技演员正在表演爬竿，左右军院的虞候、监押、教头等，擂鼓吹笛相和。又有一人在表演荡秋千，当秋千荡起，将要和支撑架子一样高时，

水秋千

倒挂鸟

他翻着筋斗纵身跃入水中，叫作"水秋千"。

清范祖述《杭俗遗风》："西湖有龙舟四五只，其船长约四五丈，头尾均高，彩画如龙形，中舱上下两层，首有龙头太子及秋千架，均以小孩装扮。太子立而不动，秋千上下推移，旁列十八般武艺、各式旗帜，门列各枪，中央高低五色彩伞，尾有蜈蚣旗，中舱下层敲打锣鼓，旁坐水手划船。"扬州也有类似的表演，是儿童在船尾杂耍各种戏码，清李斗《扬州画舫录》："有彩绳系短木于龙尾，七八岁小童，双丫髻，红衫绿裤，立短木上演其技，如'童子拜观音''金鸡独立''倒挂鸟''鹞子翻身'等名目，曰'吊梢'。观者骇然，演者晏若也。"儿童在龙舟上竞技表演，成为许多地方龙舟竞渡的重头戏，清沈堡《湘湖竹枝词》里描写湖南竞渡中女童扮演西施坐在龙船的前面。有些地方则是喜欢用俊童男扮女装，清郭钟

岳《瓯江竹枝词》也提及浙江温州由男童扮演成撑船的梢婆（即艄婆）："龙舟竞渡闹端阳，五色旌旗水上扬。争看秋千天外落，梢婆笑学女儿装。"除此之外，据光绪《罗店县志》载，在不少水乡地区，还有一批"习刀枪武艺之徒，乘舟舞弄"。这些平日习武的人，往往以保护龙舟的名义，驾着小船"戏弄枪棒，各献武艺，佐以锣鼓"。显然武林中人也是不甘寂寞，有意识地利用龙舟竞渡的舞台施展自己的才华。

（二）龙舟竞渡

唐代的宫廷水域就有竞渡的记载，比赛的距离从"池东"到"池西"，先至者为胜。唐王建撰《王司马集》卷八《宫词》："竞渡船头插彩旗，两边溅水湿罗衣。池东争向池西岸，先到先书上字归。"北宋徽宗朝表演龙舟竞渡的全过程，从水嬉热身到夺标竞赛。水嬉是竞渡的前奏，竞渡是水嬉后的高潮。竞渡前的水嬉内容非常丰富，先是"彩舟"上的百戏表演，紧接着是"乐船"演奏音乐、"水傀儡"戏和各种杂剧，随之而至的是"画船"的"百戏人上竿"和"水秋千"。这些表演结束后，就准备开始竞渡。参与竞渡的"小船"20艘，虎头船10艘，平均分为两队，东西相向。

龙舟竞渡有四个项目："旋罗"，集体环绕赛；"海眼"，分组环绕赛；"交头"，两组迎面对抗；最后是"标竿"，直道竞速。孟元老《东京梦华录》："水殿前至仙桥，预以红旗插于水中，标识地分远近。所谓小龙船，列于水殿前，东西相向，虎头、飞鱼等船，布在其后，如两阵之势。须臾，水殿前水棚上一军校以红旗招之，龙船各鸣锣出阵，划棹旋转，共为圆阵，谓之旋罗。水殿前又以旗招之，其船分而为二，各圆阵，谓之海眼。又以旗招之，两船队相交互，谓之交头。又以旗招之，则诸船皆列五殿之东，面对水殿排成行列，则有小舟一军校，执一竿，上挂以锦彩银碗之类，谓之标竿，插在近殿水中。又见旗招之，则两行舟鸣鼓并进，捷者得标，则山呼拜舞。并虎头船之类，各三次争标而止。""标竿"的直道竞速，是小船、虎头船分开比赛，表演三轮争标。可以看出，龙舟竞渡组织严密、节目丰富，以阶梯式逐步进入高潮。

无独有偶，宋吴自牧《梦粱录》说，二月初八日（祠山圣诞）南宋临安西湖的水嬉，也仿照旧的范式，"效京师故体，风流锦体，他处所无"，尤其是龙舟竞渡的程序和内容是一致的："其龙舟俱呈参州府，令立标竿于湖中，挂其锦彩、银碗、官楮，犒龙舟，快捷者赏之。有一小节级，披黄衫，顶青巾，带大花，插孔雀尾，乘小舟抵湖堂，横节杖，声诺，取指挥，次以舟回，朝诸龙以小彩旗招之，诸舟俱鸣锣击鼓，分两势划棹旋转，而远远排列成行；再以小彩旗引之，龙舟并进者二；又以旗招之，其龙舟远列成行，而先进者得捷取标赏，声诺而退，余者以钱酒支犒也。""分两势划棹旋转"即是"海眼"，"龙舟并进者二"即是"交头"，"龙舟远列成行"就是准备"标竿"。

龙舟竞渡的项目，还有赛智慧的形式。广州增城的新塘镇曾流传着一段有趣的传说：在一个赛龙舟的"旺景日"，热闹非凡，有四条龙舟分别代表四个初赛获得优胜的乡村进行决赛。在赛道终点线上，横排着四个固定的木浮标，上面各插彩旗一面，旗上分别书有"前头无阻""不离第一""追前越后""无船赶上"等大字。裁判员说明，先到达目的地的龙舟，任其挑一面旗回来对号领奖。新塘大敦村，赛龙舟素有名望，号子一响，便如离弦之箭划出，第一个到达浮标线，抢了"不离第一"的彩旗回来。殊不知，发给的却是亚军奖。原来，这是一场别出心裁的斗智赛。"前头无阻"才是冠军，"追前越后"是第三名，"无船赶上"是第四名。

元王振鹏《龙舟图》

标竿

二、现代的龙舟竞赛

（一）趁景

趁景是各地有龙舟的乡村，按当地自然地域、潮汐起落而约定俗成，在某固定日进行相互探访的活动。龙舟聚集的地方称为"景"，各村在指定水域邀集附近村镇龙舟前来"应景"。龙舟从四面八方汇聚到一起，村民相互熟悉和联络感情，礼节性地招呼和拜访。

趁景是竞渡前的准备和礼仪，它只展示龙舟，不排名次，是一种巡游互访的行动，一般轮流在各乡镇举行，每天一景。一般是在每年农历五月初一至五月二十举行。选择龙舟景日，主要考虑的是景场潮汐活动，须适合龙舟聚集和竞渡。那些潮汐活动不强或根本没有潮汐活动的水域地区，选定龙舟景日则均挑"好日"或良辰吉日。许多地区均将龙舟活动日称为"龙舟景"。趁景点的设置，主要考虑河涌是否贯通。珠江三角洲地区，尤其是以广州为中心，河涌多数是几个大小水系连接在一起的。如东江水系，有增城、东莞和黄埔鱼珠以及番禺的石楼、新造、化龙、大石；西江水系则涉及佛山的顺德、南海和番禺的沙湾、市桥、石碁、沙头等。再细分些就有：市桥水系、沙湾水系、石碁的官桥涌；新造水系涉及化龙、南村；大石水系又涉及南村、新造、化龙等地。各地域都会选择一个水面开阔、河涌宽直、岸线视野宽广的地方作为景区，如西江的有沙湾景、渡头景、北海景、市桥景；东江的有新造景、官山景、官洲景、车陂景、鱼珠景、石楼景、大石景等。这些景之中又分别有小景，小景是同一大景区的各村龙舟在农历五月初一至初十相互往来探访。

趁景当日，各世交、友好村庄的龙舟齐来相聚。设景的村寨门楼披红挂绿，舞龙舞狮，沿江两岸彩旗飘扬，还有彩船、造型表演。有时各式龙舟多达百艘在江面巡游，装饰得五颜六色，争奇斗艳，场面非常壮观，热闹非凡，像过盛大节日似的，让岸上的老百姓大饱眼福。龙舟在河面上游弋，不单是划来划去，还有其他引人注目的表演。在广州地区，常常可见桡手只将桨叶稍许插入水，然后往上挑水，使水花飞溅，加上船头船尾的人一下一下随着节拍使劲顿足压船，使龙舟一起一伏，活像游龙戏水。此时龙舟行驶缓慢，甚至停止不前。虽然龙舟趁景来去自由，但大多也是集中在某一段时间内，一般河水涨到最高峰时，也是龙舟趁景的高峰期。广州地区端午节期间的龙舟竞渡，大多在 11 点、12 点或 13 点开始，举行三

龙舟
DRAGON BOAT

中华才艺系列

四个小时即告结束。所以在竞渡时间内，特别是高潮期，一些大的集会点往往有几十条龙舟在河（湖）面上划来划去，鞭炮声、欢呼声震耳欲聋，群情激奋，气氛极为热烈，场面颇为壮观。这时常常有几条龙舟随意相约，比赛谁划得快，形成龙舟的自由竞速。

龙舟景一为让龙舟串门联络感情，二为寓意有个好兆头，三则是

东莞麻涌景

为端午节的竞渡热身。一些大的集会点，前来竞渡的龙舟也较多，如果不组织比赛，龙舟到达后可以自由在河面上游弋，想离开时随时都可离开。有的集会点有时也接待前来竞渡的船只，特别是接待与本村庄有亲戚朋友关系的村庄的龙舟。

（二）龙舟的礼节

探亲礼：龙舟活动非常人性化。本村的龙和附近村的龙有辈分之分，也有兄弟之分。村与村之间龙舟的往来为一种探亲的活动，来访的龙舟在探亲前都写有一个拜访帖。当龙舟来访时，由龙船头（即随船召集人）上岸将帖送给来"接锣"的人（即接船的人），"接锣"的

接锣

人接了帖后，即时将来访龙舟的帖张贴在公告栏，让全村人都可看到。来访的龙舟要客随主便，主人下来"摁鼓"，则表示邀请这条龙舟上的人上岸休息，吃些茶点，或吃龙舟饭。来访的龙舟离开时，一般是划湿桡两个来回，再划干桡一个来回。干桡就是鼓手敲鼓不是敲在鼓心，而是敲在鼓边，桡手则要用桡挑起水花，这样又快又好看，让被访村民看个高兴。

接亲礼：有探亲，同样也有接亲，邻村的龙舟要来访，主人就要一尽地主之谊。一般，各村在端午节前会成立一个临时的筹备组织，名曰"龙船会"，安排一名责任心强的人来做"接锣"工作。所谓"接锣"，是在村河涌入口处巡视，如发现划经本村的龙舟，无论认识与否，"接锣"人都要打铜锣迎接。来的龙舟听见，自然知道该村迎接"入景"，则必在其村的河涌内游弋几趟，表演一番，以示对别人的尊重。"接锣"人负责迎接，也可自己拿主意下船"摁鼓"，请客上岸吃些茶点，甚至吃饭，接收来访龙舟的拜帖并向村人公布。

相遇时的礼节：凡端午节期间，江河上都会有龙舟往返，龙舟无论在去探亲或去会景或归家的路上，如遇迎面龙舟，相互都会行见面礼，就是双方龙舟的锣鼓手密密地打击锣鼓，这密锣紧鼓有别于行进间的节奏。两只龙舟相互"擂锣"，互相往回划两三个来回之后才分道扬镳。

拜访帖

接亲

接亲的甜品

（三）龙舟竞渡的体育化

民国之前的龙舟竞渡，凡经双方同意便自行竞赛，地点、距离、方式不受限制。各地庙会的龙舟竞渡，基本上属这种形式。竞渡方法简单，各龙舟自由组合，两艘船为一组，划一次领先者得一面小红旗，也就是"标"，比赛不限次数，可以自由和许多船比，最后凭红旗领赏，但不评定名次，红旗多者为胜。旧俗各地设标，奖品不多，前三名可得金猪（烧猪）、烧酒、锦旗。有些地方是在终点处竖立标旗，头标为红旗，二标为黄旗，三标为绿旗，标旗上有一串鞭炮，有时候，标旗上还会有一个红包。竞渡时，夺到标旗的龙舟是非常荣耀的，显示出自己很有实力。

到了民国的时候，地方政府开始采取体育竞赛的淘汰制，制定了龙舟竞赛办法：以两舟为一组，举行预赛，其胜者进行复赛，再胜者进行决赛，最后的优胜者得锦标。竞赛水区与组合均以抽签为准，胜负由评判员评定，并派军警维持秩序，医院及浮桥管理人员负责救护工作。这样，就避免了族群为夺标而出现的种种矛盾，步入了体育竞赛的轨道。

请龙舟饭

探亲

中华人民共和国成立后，龙舟活动被列入民间传统体育项目。龙舟竞渡既保留了健康习俗，又按现代体育竞赛的办法进行，特别是国家体委将龙舟列为全国正式比赛项目之后，龙舟竞赛开始全国规范化。每次龙舟竞渡的比赛，都会成立由政府各部门参与的综合指挥部，下设竞赛组、宣传组、接待组、保卫组等，保障比赛的有序进行。比赛一般采用分组淘汰制，小组的比赛三局两胜。第一次比赛的船道抽签决定，第二次则双方交换船道。如果比赛结果是二比零，胜负就定了；如果是一比一，那就再抽签定船道，比分成二比一，两次获胜的龙舟才取胜。后来又采用了计时的办法决定胜负，胜者进入下一轮比赛，直至赛出冠、亚军为止。

国际龙舟联合会成立以后，对龙舟竞赛的形式做出了统一的规定，以促进国际龙舟竞赛的协调发展。竞赛的形式设置可以说是丰富多样，共分为三种：一是直道竞速赛，在尽可能短的时间内通过 1 000 米以内标志清楚而无任何障碍的直线航道，以用时的多少来决定胜负。二是环绕赛，在半径不小于 50 米，直线距离不小于 500 米的人工或自然水域所进行的多圈赛事，以圈数的多少来论输赢。三是拉力赛，在自然环境水域，但必须是封闭的航线上所进行的长距离赛事，以距离的长短定胜负。

（四）龙舟竞赛前的水嬉

现在的龙舟竞赛，其前奏也同样承袭了传统的水嬉模式，目的也是娱乐大众，活跃比赛的气氛，只不过内容和表现形式会与时俱进，结合现代化技术进行展现。笔者在 2017 年国庆期间，特意到东莞麻涌参加了一场国际龙舟嘉年华活动。

2017 年麻涌国际龙舟嘉年华

2017 年麻涌国际龙舟嘉年华的开幕式上表演的项目如下：

（1）武术。在岸上主席台前方的舞台上，组织了麻涌当地一家武术馆进行武术表演，以传统武术的内容为主，咏春拳、双节棍、少林豹拳、马派八卦掌、醉剑、童子功、春秋大刀、长枪锁喉……各式各样的中华武术精粹轮番上台比拼，台下观众大饱眼福，掌声此起彼伏。

（2）"扮嘢"（粤语中角色扮演的意思）。参加此次嘉年华活动的海内外31支队伍，以各种奇异造型在岸上、船上流动表演，为观众带来更多活力和欢乐气氛。

武术表演：叠罗汉

各式各样的装扮表演

（3）滑翔伞。在华阳湖的上空，滑翔伞三五成群自南向北飞翔而过，领先的悬挂着国旗，跟随的带有各式旗帜，飞翔时还喷出五彩斑斓的气体，在蓝天中描绘出一幅幅绚丽多彩的图景，蔚为壮观。

滑翔伞表演

（4）水上飞人。在摩托艇的助推下，水上飞人时而螺旋上升，时而波浪潜行，旋转、翻腾、俯冲，技术娴熟，令人惊叹。

水上飞人：波浪潜行

　　午间休息之后，在下午正式比赛之前，有歌舞助阵，醒狮高桩采青，还有运动员即兴技巧、舞蹈，演员与观众互动等表演，把竞赛的现场气氛推向高潮。

　　（5）龙舟拔河。下午比赛的间歇，华阳湖迎来了趣味龙舟拔河，在同一条船上，两队队员面对面挥桨，船到谁家谁就输。比赛需要双方队员在使劲划桨的同时努力保持船身平衡，难度相当高。观众的助威声此起彼伏，群情振奋。

龙舟拔河

龙舟

中华才艺系列

DRAGON BOAT

第二节　龙舟竞渡的技术

传统龙舟竞渡，一条龙舟上的基本人员为：①桡手，管划船前进，是船上的动力，由年轻力壮的人担任；②舵手：管船行驶的方向，由有技术的人担任；③指挥者和锣鼓手，起指挥作用，由有经验的人担任。划船时，指挥者站在船头，手拿红旗，左右挥舞。锣鼓手视指挥者的动作敲打，桡手则听锣鼓声划桨（有的地方不用指挥者，由锣鼓手

传统龙舟

自己打锣鼓指挥），根据锣鼓声的不同，桡手不断变换桨法，使龙舟时快时慢，随意自如。像《武陵竞渡略》记载的一样："行船以旗为眼，动桡以鼓为节，桡齐起落，不乱分毫。乱者黜之，谓搅酱手。"

一、桡手

桡手是龙舟的动力来源，控制龙舟的快慢。龙舟竞渡的形式有游乡、集会与速度比赛等。竞渡的形式不同，划船的方法也不同。速度比赛时，要求划得越快越好。但游乡或集会时则不一定，有时甚至要使龙舟停滞不前。龙舟游乡或集会时，常常可见桡手只将桨叶稍许插入水中，然后往上挑水，而不是用力往后划水。桡手这样的手法使得水花飞溅，加上船头船尾站着的人随着节拍一下一下用劲顿足，使整条龙舟一起一伏，活像游龙戏水。此时船行甚慢，甚至停滞不前。而龙舟竞速，就是桡手之间的拼斗，要求速度越快越好。宋黄公绍《端午竞渡棹歌》："斗轻桡，斗轻桡，雪中花卷棹声摇。天与玻璃三万顷，尽教看得几吴舠。"这种时候，桡手们则是尽力往后划水，使船行如飞。宋邹浩《竞渡》："坊村一处一龙船，擘浪飞桡斗欲先。要识晚来谁胜捷，但听歌吹鼓声喧。"划桡的速度有时可以用闪电来形容，唐吴融《和集贤相公西溪侍宴观竞渡》："昼花铺广

宴，晴电闪飞桡。浪叠摇仙杖，风微定彩标。"虽然为了越快越好这一目的，但其桨法也不是一成不变的，比如有快三桨、慢三桨等。所谓慢三桨，就是每一次船桨入水深，往后划的动作幅度大，划一桨算一桨，一组三桨。而快三桨的入水不如慢三桨深，动作幅度也不如慢三桨大，但频率较快，仍然是一组三桨，同样也能使船行如飞。总之，桨法是多种多样的，各地也不尽相同。

传统龙舟桡手分成七种，即"头桡""引水""前羊角""鼓仓""后羊角""夹艄""艄公"。头桡必须有跪劲、腰劲，还要能"阳雀"（倒立）。"引水"分"头引""二引""三引"，这三种桡手必须有十年以上的船龄。他们是全船桡手的引导、楷模。"前羊角"位在撑缆的前木架前后，重要性仅次于"引水"，力气要好，要有拉劲。"后羊角"位在撑缆的后木架前后，要有推劲，前拉后推，船才起势。划"夹艄"（艄公前的两对桡）者，最主要的任务是协助"艄公"掌好艄，其次才是划船，俗称"二艄公"。"艄公"就不用多说了，他是全船的核心，要是比赛时走了艄，再好的桡手也一定会输。至于"鼓仓"者，比较而言技术就要次人一等。

龙舟上桡手的多少视龙舟的大小而定，传统龙舟（长龙）50～90人，标准龙舟（短龙）20人。桡手划桨姿势，一般说来，都是两人并排坐在龙舟上，采用坐姿划桨，也可站立划桨、蹲跪划桨，但姿势要统一。在长距离划行中也可以不同划桨姿势变换运用，但必须要熟练、快速和整齐地变换，否则会影响竞赛的集体配合。

（一）划桨姿势

1. 坐姿划桨

坐着划的划桨姿势是髋关节紧贴船舷，外侧腿紧蹬前隔舱板底部，这样可充分发挥腿部大肌肉群的力量。转体直臂后拉是靠有力的蹬腿将力送上去的，外侧腿若不蹬住前隔舱板底部，动力在传递过程

坐姿划桨

舟
龙舟
中华才艺系列
DRAGON BOAT

中就会有损耗，内侧腿弯曲后收于坐板下隔舱板，前脚掌紧抵船舱底部，臀部坐在坐板的前沿上，这样做既可固定臀部的位置，也有利于动力的传递，避免动力损耗（这是因为臀大肌有缓冲作用），也不至于在训练中因反复摩擦导致臀部受伤。如采用转体技术划法，在划高桨频时，内侧腿放前、放后、放内侧均可；如采用下腰技术划法，若内侧腿放在前面，在划高桨频时，身体重心则会往上抬，不利于发力。而采用转体转髋加下腰技术划法时，则有利于船速的提高。

2. 站立划桨

站着划的划桨姿势是两腿站着，膝盖贴紧船旁成半跪式，面向船舷，但不是正对前进方向。握桨方法是上手正握、下手正握或反握。在划行过程中，上身基本都是弯着的，腰背负担很大。因为全体桡手都站起来，使船体重心升高，大大增加了船体不稳定性，极容易造成翻船。同时，因桡手站起来使桨叶离水面的距离增加了，桨叶的入水角度和出水深度难以保证，严重影响了划水效果。桡手面向船舷和侧着上身划行，也会导致桨叶出水时出现严重挑水现象，加重船体的上下起伏。同时因船体重心升高，对桡手集体配合的影响极大，造成各人桨叶入水和出水时间不一致，桨叶的入水深浅也不一致。

但是当坐着划桨时间长了可转为站着划，以转换肌肉的用力方式，使坐着划时疲劳的肌肉得到短暂放松。在由坐姿转为站姿的过程中，全体桡手的动作配合要相当熟练，不能影响原来的划桨节奏，否则就会影响龙舟的前进速度。

站立划桨

蹲跪划桨

3. 蹲跪划桨

蹲跪式的划桨姿势是前脚蹲后脚跪，让整个身体姿势更有利于身体充分前伸、前倾、前展，侧身大转体与后划大摆动的同时带动了上臂动作、下臂动作以及所有的关节角度作大划幅动作的配合。与坐姿划桨比较，蹲跪划桨有三个优势：一是拉桨划幅特别大。二是拉桨划水特别深。蹲跪划桨由于身体的侧身卧姿，身体前倾、前伸、前张、前展动作特别大。也由于俯卧动作特别大，对桨叶的插水深度有保障。三是蹲跪划桨划水力量特别强。蹲跪划桨的划幅大、划水深、划水路线长，有充分的时间使技术力量、体能力量得到配合，互相协调发挥，即整个身体的（包括上手、下手、下肢、上体及腰、腹、背）力量完全调动并投入拉桨划水动作中。

（二）划桨技术

龙舟主要是通过运动员划桨向前进。划桨动作都是以一个划桨周期动作重复出现，即入水—拉桨—出水—回桨。

为了使龙舟获得较快的速度，划桨时一定要做到快、狠、稳，这种既狠又稳的划桨技术要求在划行阶段用力要狠，并要尽量减少桨叶在水中的移动。桨叶在水中移动与桨叶的结构和划桨技术有密切关系，桨叶在水中移动对龙舟前行很不利，会减缓前进速度，因此必须把桨叶在水中的移动减少到最低限度。在龙舟滑行阶段划桨动作要稳，并适当掌握回桨的速度，使参加划桨的肌肉在极短时间内得到放松，保证在下次划桨时仍有最大的力量。

1. 入水

上身前倾，双手前伸，迅速将桨叶插入水中，桨入水时要感觉像从洞中插入一样，水至桨颈处即可。身体重心通过高位手往下压在桨柄上，使桨稳稳抓住水，避免划漂桨。划距的长短取决于转体的幅度或身体前倾的角度以及桨入水的角度。桨叶从入水到划水只是一瞬间，桨叶以一定的角度插入水中，可以尽量减少由于龙舟前进产生的相对水流对桨叶的影响。

技术要求：

（1）以转体为主，前倾为辅，这种技术适合划短距离或者是在划高桨频时采用；

（2）以前倾为主，转体为辅，这种技术适合划长距离或是在拉大划距时采用；

（3）上面二者的结合，这种技术适合划中距离或者是在划中桨频时采用，但使用这种技术划起来会感到比较吃力、呼吸困难，同时外侧腰腹感到难受。

入水

2. 拉桨

拉桨划水是所有动作的关键。拉桨包括入水、转桨和划水三个动作，插桨与拉桨应衔接紧凑，不能有丝毫脱节动作。当桨叶入水后立即转动桨，桨叶抓住水后立即开始划动，上手支撑、下手用爆发力向后拉，下肢用力支撑蹬腿，腰背也迅速向后，下肢由蹬腿得到的反作用力通过上身参与拉桨。拉桨紧靠船舷，与前进方向一致，在拉桨过程中应始终保持最大对水面积和越拉越快的速度。

技术要求：

（1）桨叶在水中划行要保持垂直。一般在划行的后半段容易出现桨叶不能保持垂直的情况，甚至有时会出现挑水现象，这样会降低划水效果，使龙舟产生颠簸，甚至增加桨叶在水中的移动。

（2）桨叶在水中要保持一定的深度，即水到桨颈的位置（满桨）。划水时桨叶在水中跳动，或在划水的前半段和后半段吃水的深度不一致，都会降低划水效果。当然桨叶入水的深度还应根据龙舟的结构、船体吃水深浅、桨叶的面积和桡手的体力这四个因素来确定。如果桨叶在水中划起的水花是碎花，而桨叶在水中移位很大，那就是桨叶吃水太浅。如果桨叶与水面交界处受到相反方向的水流的作用，那就是桨叶吃水太深。

拉桨

舟 龙舟

中华才艺系列

DRAGON BOAT

（3）拉桨时用力要均匀。在全部划行过程中用力要保持均匀，避免用力出现先小后大或先大后小，两端小中间大或两端大中间小的现象。这些现象都会降低划水效果，使龙舟产生颠簸，影响前进速度。

（4）拉桨过程中上身要保持适当的前倾和后仰，使桨叶在水中有较大的划水弧度，也能更好地发挥上身腰腹肌肉的力量。虽然龙舟获得最大的前进力是在桨和龙舟成 90 度角的时候，但龙舟在划行阶段是做加速度运动，而且加速要持续到划水的后半段，直到桨叶出水，龙舟的速度才达到最高点。当然过分的前倾和后仰加大拉桨弧度也是不利的。

3. 出水

桨拉至膝盖后结束出水，不应再往后拉。双手向上提桨出水的同时，手向上、向内、向前随着身体转动提桨出水。桨叶的出水动作是极其迅速的，当拉桨结束时，立即把桨叶提起，并转动桨叶，以减少桨叶的迎风阻力，同时防止桨叶拉到最后时出现挑水现象。

技术要求：

（1）拉桨与出桨要连贯、迅速、简捷、干净、协调，顺乎自然，提桨出水。

（2）拉桨完毕不能在水中停留，否则桨背挡水，会形成阻力。

（3）拉桨完毕瞬间，腿、腰、背、肩及臂都要处于放松状态。

（4）桨出水时，躯干稍前倾，这时全身肌肉都处于放松状态。

出水

4. 回桨

出桨之后，双手松弛握桨，腿、腰、背、肩、臂都要放松。桨叶下缘贴近水面，桨叶外侧边朝侧前方，向前呈小弧形到达插桨位置。在回桨过程中，蹬直的腿随着身体的转动或前倾又恢复弯曲状态。桨叶下缘贴着水面移桨，躯干与肩随回桨动作向船内转动，并向前倾。桨叶面根据风向确定朝前还是朝外，逆风朝外、顺风朝前。这样逆风可减少阻力，顺风可借助风力（或是根据桨频快慢确定向前还是向外）。接下来转体、转肩、吸气，为下一个动作做好准备。

技术要求：

（1）回桨不要提得太高，或者弧度太大。

（2）要将放松摆在与发力同等重要的位置上，一个桡手能不能做到放松，可体现他的耐力水平。

（3）如遇风大浪高，可适当提高回桨高度。

回桨

二、舵手

舵手的主要职责是把握龙舟的方向，船是否走得直，船速是否快，与舵手有极大关系。舵手在平时训练中或在竞赛中扮演着主要角色，他必须控制好龙舟的前进方向，使之按航道前进，并从自己的航道到达终点，不能出现犯规。此外，应更加注意水面

舵手

障碍物和水流及风向的变化，从而保证龙舟航行的安全。掌舵有点式、拨式和拖式三种技术。

（一）点式技术

舵入水后很快就提出水面称为点式。这种技术产生的阻力最小，对速度影响不大，适于龙舟在行进过程中方向改变较小时采用，当船稍微有点偏航时采用点式技术效果较好。如果船继续偏航，可采用有节奏的点式打舵技术，即舵断断续续地入水、起水，舵叶的入水角度视偏航的大小灵活掌握，这样可既保持航向又保持速度。

（二）拨式技术

当船偏航较大时，选中水中一个点，迅速下桨朝相反方向横向拨桨打舵称为拨式。水中这个点的选择，视偏航大小灵活掌握。此技术主要应用于在风平浪静情况下的龙舟掉头、靠岸，以及龙舟进入航道时摆正航向。而在有风浪的情况下，采用此技术掉头、靠岸则难以使船保持平稳。此技术在行驶中一般不宜采用，因为阻力比点式技术要大，同时难以使船保持平稳。

（三）拖式技术

船在行驶中，舵叶始终在水中控制方向称为拖式。当船体方向改变较大时就采用此技术。它能有效控制方向，比较稳定，在有风浪的情况下采用拖式技术掉头、靠岸比较平稳。但因在此技术中舵长时间拖在水中，故产生的摩擦阻力最大。船偏航越大，舵桨与前进方向的角度越大，阻力也越大，对船的速度影响也就越大。

龙舟需要掉头、靠岸，或者需要大幅度地、急速地改变方向时，可先采用拨式技术，当船的运行状况快要达到要求时，再改用拖式技术，这样可保持平稳。

不论舵手采用何种技术都应尽可能小地影响行进中的船速。民间龙舟赛时有的舵手喜欢压船尾、跳跃、晃动，这无助于增加动力，只会增加阻力。

三、鼓手、锣手和标手

龙舟上的鼓手和锣手是灵魂人物，锣鼓手的击鼓敲锣声可以让全体桡手划桨的速度和动作一致，且提振全队士气。一般配备鼓手1人，通过鼓声发号施令，控制整个队前进的速度和节奏，同时还担当鼓舞士气的责任；锣手 1 人，配合鼓手敲锣控制速度和节奏。宋杨万里《过弋阳观竞渡》："急鼓繁钲动地呼，碧琉璃上两龙趋。一声翻倒冯夷国，千载凄凉楚大夫。银碗锦标夸胜捷，画桡绣臂照江湖。三年端午真虚过，奇观初逢慰道涂。"龙舟鼓点的快慢、缓急关系着龙舟前进的速度，一般在起航、途中和冲刺的不同阶段，鼓点的节奏是不同的。鼓声敲打起来，花式多样，鼓点疏密有致，缓急分明。桡手们紧听锣鼓声音，从而明确自己桡法的操作，俗话有"听鼓动落桡，擂鼓圈头（调头）"之说。打鼓、敲锣，是指挥龙舟进退的信号，都是鼓起锣下，先鼓后锣，先打后敲各一下。此外，个别龙舟还有用哨子附和鼓声锣声的。比赛时，锣鼓手发出的一声声号子、一锤锤鼓点，有板有眼，时急时舒。熟悉龙舟的人们，远远地听着锣鼓声的节奏，便知赛事的进展。"咚咚咚咚锵"，那是江上闲游；"咚咚锵，咚咚锵"，便是初赛小试锋芒；如果锣鼓声"咚锵、咚锵、咚锵"越来越急促，和着两岸呐喊震天撼地，定是决赛进入最后的冲刺阶段。

有些龙舟竞渡活动采用夺标形式决定胜负，因此标手的任务是在龙舟将到终点时把标旗夺到手，且不能掉落水中，整队的胜负几乎都掌握在标手手上。宋郭祥正《竞渡》："竞渡传风俗，旁观亦壮哉。棹争飞鸟疾，标夺彩龙回。江影浑翻锦，歌声远震雷。轻生一饷乐，时序密相催。"标手可由鼓手或划手兼任，一般情况下标手的水性要相当好才行。但目前龙舟竞赛活动较少采用夺标决定胜负这种方式，大部分采用计时淘汰制，所以一般都不设标手。

鼓手

在广州番禺，每条龙舟都喜欢自己创造鼓点。但综合来说，只有两种鼓点：单槌鼓和双槌鼓。

单槌鼓又叫顺鼓，即只捶一个节奏，鼓声响一下桡手就划一下，这叫起顺鼓。

双槌鼓就是鼓手左右连击为一拍，连击一次双响，桡手才划一下。双槌鼓又叫起马蹄鼓，起马蹄鼓变化活泼，有跳跃感，但竞赛时却不及起顺鼓的节奏分明。

技术要求：

（1）先重打鼓心两下，次打鼓边三下，再打鼓心，是龙舟的起行信号，叫作"起鼓"。

（2）打鼓心，是指挥龙舟过路或直线前进，叫作"直行鼓"。

（3）打鼓身，是指挥龙舟挺进，叫作"捉龙鼓"（广东话称快速前进为捉）。

（4）龙舟要往别处去了，在打"直行鼓"的过程中间或密打几下，叫作"乱鼓"。

（5）龙舟转弯。有节拍地密打鼓心，转弯完毕，先打"起鼓"，后打"直行鼓"，这一系列动作，叫作"转弯鼓"。

鼓、鼓槌

鼓手座椅

四、场地和设施

比赛场地选用宽阔的静水水域，航道水深不低于 3 米，航道内不能有水草、暗礁和其他障碍物。各航道都应是同样的宽度（至少 12 米），且航道线必须与起航线和终点线垂直。

东莞麻涌国际龙舟标准赛场

航道线与起航线和终点线垂直

航道设置有黄色、红色浮标，并设立分段距离标志。起航线和终点线两端的延长线上设有高出水面3米的清晰可见的标志杆，终点线远端还设置高出水面3米的冲刺瞄准牌。此外，航道在起航线、终点线留有足够长的准备区域和缓冲区域。

航道及浮标

终点线及冲刺瞄准牌

比赛场地设有登舟码头，如属于陡岸条件下设立登舟码头，则需搭建水上平台码头，这有利于龙舟靠岸、运动员登舟和裁判员工作。

水上平台码头

龙舟靠岸

舟

龙舟

中华才艺系列

DRAGON BOAT

起点发令台安置在起航线一侧，并配备遮阳和避雨设施。起航平台安置在起航线后约20米处。

比赛龙舟采用22人制、总长18.4米的龙舟，舵桨采用固定式，划桨长度为105～130厘米。各队运动员服装颜色、式样必须整齐一致，上衣背后有本单位名称或标志。

比赛时有些情况是要受到处罚的，如龙舟起航后发生串道并以领先优势前行，会被取消比赛资格；鼓手、舵手使用划水器械划水也会被取消比赛资格；鼓手未积极敲鼓的，将被罚加时五秒。

起航平台

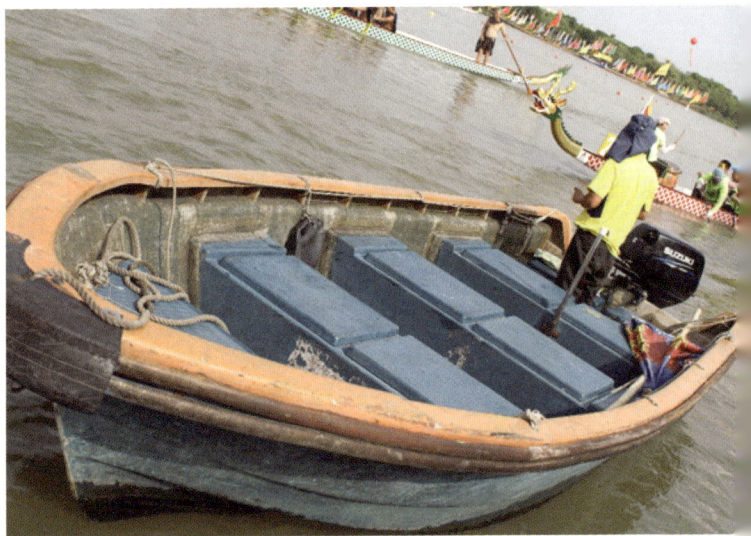

竞赛服务辅助艇

环绕赛、拉力赛的赛场要求：起航线、终点线至少要有50米宽，两边界线交叉处应用红旗标出。从起航线到转弯点的航道直线距离最少500米，转弯点半径至少要50米，并用旗或浮标标出。

参考文献

一、著作、期刊和报纸

1. 宗懔．荆楚岁时记．姜彦稚，辑校．长沙：岳麓书社，1986.

2. 陈熙远．竞渡中的社会与国家——明清节庆文化中的地域认同、民间动员与官方调控．台北："中央研究院"历史语言研究所，2008.

3. 闻一多．神话与诗．长春：吉林人民出版社，2013.

4. 杨正权．西南民族龙文化研究．昆明：云南民族出版社，1999.

5. 何根海．端午龙舟竞渡的新解读．历史月刊，2002（173）．

6. 刘介民．岭南民俗艺术论．广州：世界图书出版广东有限公司，2013.

7. 郎绍君，蔡星仪，等．中国书画鉴赏辞典．北京：中国青年出版社，1988.

8. 翁经方，翁经馥．中国历代园林图文精选．上海：同济大学出版社，2005.

9. 孟元老．东京梦华录全译．姜汉椿，译注．贵阳：贵州人民出版社，2009.

10. 姚民哀．龙舟．快活，1922（6）．

11. 林镇邦．论端阳竞渡之谬．教会公报，1912（241）．

12. 观竞渡论屈原事．珠江怒潮，1934（1）．

13. 王蒸民．三余诗词集．北京：中国文联出版社，2001.

中华才艺系列

龙舟

DRAGON BOAT

14. 赵慕峰，彭则鹏，文若水．潜龙出海．沈阳：辽宁民族出版社，2012.

15. 徐家干．苗疆闻见录．贵阳：贵州人民出版社，1997.

16. 檀萃．楚庭稗珠录．广州：广东人民出版社，1982.

17. 叶斯茗，等．龙舟制造：纯爷们的手工艺术．南方都市报，2011－06－04.

18. 安舒颖．广东东莞中堂龙舟制作工艺研究．南宁：广西民族大学，2013.

19. 向佳明．造龙舟这门艺术活．潇湘晨报，2013－06－12.

20. 段双印．陕北古事钩沉．西安：三秦出版社，2008.

21. 熊克武．古老的苗族"独木龙舟节"．贵州民族报，2009－06－22.

22. 姜康．云南傣族、白族龙舟（船）制作文化研究．昆明：云南民族大学，2015.

23. 刘华山，郑家润．龙舟技术与训练．北京：北京体育大学出版社，2002.

24. 杜达罗．龙舟．广州：广东科技出版社，2009.

25. 赵世林，伍琼华．傣族文化志．昆明：云南民族出版社，1997.

26. 修金堂，子建．音乐名作鉴赏．北京：人民音乐出版社，2006.

27. 广东省民族研究所，广东省群众文化艺术馆．民族民间艺术研究．广州：广东人民出版社，1986.

28. 王琼．何柳堂·何与年·何少霞广东音乐曲集．广州：广州出版社，2005.

29. 黄锦培．广东音乐欣赏．广州：广州出版社，2006.

30. 李雁．粤剧音乐概说．广州：广东省当代文艺研究所，2003.

31. 木艺，方声．蔡楚生选集．北京：中国电影出版社，1988.

32. 广东音乐研究组．广东音乐：第一集．广州：广东人民出版社，1955.

33. 文化部文学艺术研究院音乐研究所．阿炳曲集：简谱版．北京：人民音乐出版社，2003.

34. 福建省群众艺术馆．福建民间音乐研究．中国音协福建分会民族音乐委员会福建省群众艺术馆，1982.

35. 刘志文．广东民俗大观：下卷．广州：广东旅游出版社，1993.

36. 杨罗生．历代龙舟竞渡文学作品评注．北京：中国文联出版社，2003.

37. 中国音乐家协会江苏分会筹委会．江苏民间音乐选集．南京：江苏文艺出版社，1959.

38. 张仲樵．抒情民间歌曲选．南京：江苏人民出版社，1981.

39. 李兆普．利川民歌《龙船调》收集与整理经过．武汉文史资料，2007（6）.

40. 龙泽瑞，向熙勤．中国土家族牛角腔民歌选．北京：民族出版社，2006.

41. 华东军政委员会文化部艺术事业管理处．苏北民间歌曲集．上海：新音乐出版社，1953.

42. 饶原生．粤语口头禅．广州：广东教育出版社，2006.

43. 叶春生．岭南风俗录．广州：广东旅游出版社，1988.

44. 刘浩然．闽南掌故传说．泉州：泉南文化杂志社，2004.

45. 施光南．我怎样写歌——施光南歌曲创作经验谈．长沙：湖南文艺出版社，1991.

46. 任志萍．关于《多情的土地》的前前后后．当代音乐，2015（13）.

47. 陈月明．百宝箱．广州：广东新世纪出版社，2007.

48. 麦学创．抗日龙舟．前进，1931，1（17－21）.

49. 上海艺术研究所中国戏剧家协会上海分会．中国戏曲曲艺词典．上海：上海辞书出版社，1981.

50. 中国电影表演艺术学会．新世纪电影表演论坛．北京：中国电影出版社，2001.

51. 齐上志．清代龙舟竞渡图商埠邮票．中国集邮报，2005－11－04.

52. 范祖述．杭俗遗风．台北：艺文印书馆，1970.

53. 李斗．扬州画舫录．台北：世界书局，1963.

54. 郭钟岳．瓯江竹枝词．台北：傅斯年图书馆藏清同治十一年（1872）刊本．

55. 张建世．中国的龙舟与竞渡．北京：华夏出版社，1988.

56. 吕耀光．龙舟训练与竞赛．顺德体育局资料，2008.

二、网络资料

1. 龙舟歌．广东文化网，http：//www. gdwh. com. cn/whyc/2011/1115/article_ 2781. html.

2. 碧江端午赛龙舟：代代相传 历久弥新. 贵阳网，http：//www. gywb. cn/content/2015 –06/20/content_ 3308209. htm.

3. 黑河五大连池药泉会（圣水节）. 中国清明网，http：//www. tsing-ming. com/mjxs/show/127751983671/.

4. 嘉兴端午习俗. 浙江省非物质文化遗产网，http：//www. zjfeiyi. cn/xiangmu/detail/52 –1069. html.

5. 鄂州泽林旱龙舟入选第四批国家级非遗项目名录. 鄂州市人民政府网站，http：//www. ezhou. gov. cn/info/2014/C121052798. htm.

6. 大澳龙舟游涌的渊源. 广石化粤语文化社，http：//mp. weixin. qq. com/s？_ biz = MzA5MjY3ODcxOA％3D％3D&idx = 1&mid = 26526.

7. 端午节（石狮端午闽台对渡习俗）. 福建省非物质文化遗产保护中心，http：//www. fjfyw. net/daibiaozuo/2015 –01 –16/1514. html.

8. 龙舟胜会. 浙江省非物质文化遗产网，http：//www. zjfeiyi. cn/xiangmu/detail/52 –2680. html.

后 记

继《醒狮》《舞龙》《武术》之后，暨南大学出版社"中华才艺系列"新的一员——《龙舟》，也即将与读者见面了。"中华才艺系列"，借助中共中央统战部（原国务院侨务办公室）文化中国·全球华人中华才艺培训基地的平台，旨在推动中国传统文化的传播和弘扬，全面提升中华文化在世界范围内的影响力和感召力。2013年岁末，时任国务院侨务办公室副主任何亚非为丛书作序，并亲自参加赠书仪式，给来自五大洲18个国家和地区的"文化中国·2013全球华人中华才艺（武术）大赛"参赛队伍赠送图书，是对作品的充分信任和肯定。广东省体育局的领导也高度重视，对这些反映民族传统体育成果的宣传和推广给予大力支持，举荐本人代表广东省获得"2015全国体育事业突出贡献奖"的殊荣，受到国家体育总局的表彰；《中国体育报》2016年4月27日刊载了《勤耕不辍为民族传统体育著书立说》的人物专访文章。2016年6月，章舜娇受国务院侨务办公室的委派，跟随"华星艺术团"到韩国、菲律宾和卡塔尔三个国家，对当地华人团体进行武术、龙狮的培训和指导。诸多"事迹"的涌现，都源于"中华才艺系列"的出版。但愿本次出版的《龙舟》，也能为促进中外文化交流发挥作用。

记得2013年与暨南大学出版社结缘的时候，黄圣英书记敏捷、认真和严谨的工作作风，给我留下了深刻的印象，以至于每次在校道上碰面，都会聊起当时为出版"中华才艺系列"图书紧张而又有序的工作情景。《龙舟》一书，也是在黄圣英书记的大力推动和精心策划之下完成的。由于水

龙舟

DRAGON BOAT

中华才艺系列

平和能力有限,《龙舟》用了大半年的业余时间才编写完成,耗费了许多精力,常有"江郎才尽"的感觉,所幸的是意志战胜自己,能坚持到底。这期间也未免淡薄和疏忽了一些亲情或友情,最令我愧疚的是对不起中学时期的班主任林福坤老师,他待我如亲人,一向关心我的进步,半年前身患疾病,我竟然连一声问候的话语也没有!日前与他联系的时候,他却告慰我说"要以事业为重",这就是师长的胸襟!还有就是老家祖屋"希霞堂"的修建,持续了三个月,我也无暇回去看看,只能依靠亲人们辛苦劳作。

资料的收集,得到有关单位及个人的大力支持:东莞市麻涌镇文体局、麻涌镇宣传办提供了大量宝贵的龙舟文化资料,李金、黄警在百忙之中亲自接待,并函寄和发邮件补充必要的材料;揭阳龙舟协会副会长杨泽雄、揭阳龙舟文化微信公众平台的程国涛、佛山龙舟协会秘书长黎念忠等专家,还有郑骋、郑国茂、陈小彪、胡宏东等友人,他们或是提供各方面的素材,或是陪伴作者到各地调查采风;研究生余晋宏、蒋志聪和刘宇翔协助对民国时期部分文献材料进行文字录入和整理。感谢以上单位及个人!除此之外,本书还引用了北京故宫博物院、香港海事博物馆、黑龙江美术馆、波士顿美术馆、台北"故宫博物院"、罗店龙舟文化展示馆、广东省博物馆、南海博物馆、纽约大都会博物馆、宝利艺术博物馆、天津博物馆、东莞市文化馆等馆藏资料,以及中国非遗网、福建非遗网、中山非遗网、杭州非遗网、湖南非遗网、艺术图片库、世界艺术鉴赏库、体总网等网站的优秀作品作为书中的插图,部分摄影者的芳名敬列于版权页,另有部分图片摄影者不详,未能一一考证具名,在此郑重表示歉意和感谢,让我们共同为民族传统体育的宣传和推广奉献力量!

广州大学体育学院的领导,给予我铺就学术研究足够的台阶,实属难能可贵!暨南大学出版社、广州大学为本书出版提供了出版资助,由衷感谢!

林友标

2017 年 11 月

写于暨大寓所固本斋